AUTORES
NATACHA ARNOULT, LENE KNUDSEN
KEDA BLACK, SABRINA FAUDA-RÔLE
ORATHAY SOUKSISAVANH

FOTOGRAFÍAS DE
AKIKO IDA, VALÉRY GUEDES, RICHARD
BOUTIN, CHARLOTTE LASCÈVE,
DEIRDRE ROONY, PIERRE JAVELLE

COCINA SUPER FÁCIL

CON 3 - 6 INGREDIENTES

Librero

Índice

TAPAS

Frutos secos picantes 1
Guacamole 2
Hummus 3
Tapenade con higos y menta 4
Atún cremoso 5
Tzatziki con granada 6
Mozzarella marinada 7
Camembert relleno 8
Tostadas con queso y pesto 9
Nachos con salsa y feta 10

SOPAS

Brócoli y jengibre 11
Tomate, olivas y albahaca 12
Sopa provenzal 13
Caldo con salmón y tofu 14
Alcachofa y rúcula 15
Espinacas y quesitos 16
Zanahoria y manzana 17
Sopa al pesto 18
Thom kha kai 19
Acedera y albahaca 20
Sopa de zanahoria con jengibre 21
Sopa de cebolla 22
Crema de guisantes 23
Sopa de lentejas rojas 24
Sopa china 25
Phô de coco 26
Fideos, guisantes y huevos 27
Chorizo y tirabeques 28
Calabaza y raviolis 29
Zanahoria y guisantes 30
Miso y champiñones 31
Bacalao y curri amarillo 32
Phô de buey 33
Minestrone 34
Cangrejo, pasta y eneldo 35
Fideos ramen y remolacha 36
Sopa de invierno 37

ENSALADAS

Pepino, fresas y queso de cabra 38
Apio a la tailandesa 39
Trigo con remolacha y feta 40
Melón, pollo y feta 41
Superensalada de pollo 42
Mango con nata al curri 43
Lentejas, remolacha y calabaza 44
Garbanzos y salmón 45
Arroz negro, col y langostinos 46
Salsa de tahín 47
Vinagreta 48

VERDURAS

Trigo, zanahorias y huevo 49
Arroz de coliflor salteado 50
Champiñones rellenos 51
Hortalizas asadas y cuscús 52
Polenta con champiñones 53
Patatas tiernas con espinacas 54
Calabaza y lentejas 55
Calabaza con nueces y queso azul 56
Bulgur, calabaza y queso azul 57
Quinua, lentejas y espinacas 58
Zanahoria, miel y naranja 59
Parmigiana 60
Coliflor, queso y beicon 61
Quinua y salchichas 62
Hinojo, zanahoria y limón 63
Coles de Bruselas y calabaza 64
Patatas y alcachofas 65
Calabacín, jamón y queso 66
Coles de Bruselas y beicon 67
Patatas, panceta y huevos 68
Verduras y salchicha 69

PASTA

Pasta, calabacín y menta 70
Calabacín, pesto y tomatitos 71
Pepino y guacamole 72
Orecchiette con tomate 73
Pasta, atún y tomate 74
Lazos, salmón y espinacas 75
Espaguetis de medianoche 76
Espaguetis con queso 77
Tallarines, sardinas y feta 78
Pasta, atún y alcaparras 79
Tallarines a la carbonara 80
Espaguetis y albóndigas 81

CURRIS

Curri de espinacas 82
Curri verde de aguacate 83
Verduras indias 84
Mejillones al curri 85
Curri de calamares 86
Curri verde de pescado 87
Curri de rape al limoncillo 88
Salmón tikka masala 89
Curri de ternera 90
Judías blancas con chorizo 91

HAMBURGUESAS

Berenjenas y mozzarella 92
Falafel burger 93
Remolacha y hummus 94
Boniato y judías 95
Pescado con salsa tártara 96
Atún con mayonesa 97
Surf and turf 98
Nuggets burger 99
Onion rings burger 100
Buey teriyaki 101
Banh mi burger 102
Magret y parmesano 103

GRANDES CLÁSICOS

Pollo a la mostaza 104
Filete de pavo al aguacate 105
Pescado al estilo de Tahití 106
Pescado semirrebozado 107
Gambas con tomate 108
Entrecot al queso azul 109
Cerdo con piña 110
Pato con boniato 111
Buey con zanahorias 112
Chili con carne 113
Salteado de buey al sésamo 114
Ternera, olivas y limón 115
Cordo a la tailandesa 116
Acelgas, tomate y panceta 117

POSTRES

Peras al vino 118
Yogur con miel y fruta 119
Mango con naranja 120
Tarta rústica de fruta 121
Crumble de ruibarbo 122
Plátanos caramelizados 123
Tarta Tatin 124
Arroz con leche 125
Milhojas de frambuesa 126
Manzanas en pasta brisa 127
Cheesecakes 128
Sundae con fresas 129

Vegetariano, pescado y carne

VEGETARIANO

Frutos secos picantes 1
Guacamole 2
Hummus................................ 3
Tzatziki con granada 6
Mozzarella marinada 7
Camembert relleno 8
Tostadas con queso y pesto 9
Nachos con salsa y feta 10
Tomate, olivas y albahaca.......................... 12
Sopa provenzal 13
Alcachofa y rúcula 15
Zanahoria y manzana 17
Sopa al pesto 18
Acedera y albahaca 20
Sopa de zanahoria con jengibre........................... 21
Sopa de lentejas rojas........24
Fideos, guisantes y huevos............................. 27
Calabaza y raviolis 29
Zanahoria y guisantes 30
Miso y champiñones 31
Fideos ramen y remolacha........................36
Pepino, fresas y queso de cabra 38
Apio a la tailandesa 39
Trigo con remolacha y feta 40
Mango con nata al curri.... 43
Lentejas, remolacha y calabaza 44
Salsa de tahín 47
Vinagreta 48
Trigo, zanahorias y huevo 49
Arroz de coliflor salteado.......................... 50
Champiñones rellenos 51
Hortalizas asadas y cuscús 52
Polenta con champiñones..53
Patatas tiernas con espinacas 54
Calabaza y lentejas 55
Calabaza con nueces y queso azul 56
Bulgur, calabaza y queso azul 57
Quinua, lentejas y espinacas 58
Zanahoria, miel y naranja..59
Parmigiana 60
Hinojo, zanahoria y limón 63
Pasta, calabacín y menta ...70
Calabacín, pesto y tomatitos 71
Pepino y guacamole. 72
Orecchiette con tomate 73
Espaguetis de media-noche 76
Espaguetis con queso 77
Curri de espinacas 82
Curri verde de aguacate ... 83
Verduras indias.................. 84
Berenjenas y mozzarella... 92
Falafel burger.......................93
Remolacha y hummus........94
Boniato y judías 95
Peras al vino 118
Yogur con miel y fruta........119
Mango con naranja.......... 120
Tarta rústica de fruta 121
Crumble de ruibarbo........ 122
Plátanos caramelizados... 123
Tarta Tatin 124
Arroz con leche 125
Milhojas de frambuesa 126
Manzanas en pasta brisa 127
Cheesecakes..................... 128
Sundae con fresas 129

PESCADOS Y MARISCOS

Tapenade con higos y menta 4
Atún cremoso 5
Caldo con salmón y tofu 14
Bacalao y curri amarillo 32
Cangrejo, pasta y eneldo 35
Garbanzos y salmón 45
Arroz negro, col y langostinos 46
Pasta, atún y tomate 74
Lazos, salmón y espinacas 75
Tallarines, sardinas y feta 78
Pasta, atún y alcaparras 79
Mejillones al curri 85
Curri verde de pescado 87
Curri de rape al limoncillo 88
Salmón tikka masala 89
Pescado con salsa tártara 96
Atún con mayonesa 97
Surf and turf 98
Pescado al estilo de Tahití 106
Pescado semirrebozado 107
Gambas con tomate 108

CARNE Y AVES

Brócoli y jengibre 11
Espinacas y quesitos 16
Thom kha kai 19
Sopa de cebolla 22
Crema de guisantes 23
Sopa china 25
Phô de coco 26
Chorizo y tirabeques 28
Phô de buey 33
Minestrone 34
Sopa de invierno 37
Melón, pollo y feta 41
Superensalada de pollo 42
Coliflor, queso y beicon 61
Quinua y salchichas 62
Coles de Bruselas y calabaza 64
Patatas y alcachofas 65
Calabacín, jamón y queso 66
Coles de Bruselas y beicon 67
Patatas, panceta y huevos 68
Verduras y salchicha 69
Tallarines a la carbonara 80
Espaguetis y albóndigas 81
Curri de ternera 90
Judías blancas con chorizo 91
Surf and turf 98
Nuggets burger 99
Onion rings burger 100
Buey teriyaki 101
Banh mi burger 102
Magret y parmesano 103
Pollo a la mostaza 104
Filete de pavo al aguacate 105
Entrecot al queso azul 109
Cerdo con piña 110
Pato con boniato 111
Buey con zanahorias 112
Chili con carne 113
Salteado de buey al sésamo 114
Ternera, olivas y limón 115
Cerdo a la tailandesa 116
Acelgas, tomate y panceta 117

TAPAS

Frutos secos picantes

listo en 5 minutos

10 minutos de cocción

para 4 personas

guindilla molida
½ cucharadita

ajo
4 dientes

almendras crudas
110 g

pipas de calabaza
110 g

pacanas
125 g

flor de sal
½ cucharadita

- Precaliente el horno a 130 °C. Pele los ajos. Caliente 1 cucharada de aceite en una sartén y rehogue el ajo 2 o 3 minutos, sin que tome color. Añada las almendras, las pacanas y las pipas de calabaza, y remueva. Eche la sal y la guindilla. Ajuste la sazón.
- Extienda el contenido de la sartén en la bandeja del horno forrada con papel vegetal y tuéstelo todo bien 10 minutos en el horno, removiendo de vez en cuando. Sírvalo un poco caliente o a temperatura ambiente.

Guacamole

listo en 15 minutos

sin cocción

para 4 personas

tomate
x 1

cebolla roja
x ½

guindilla roja fresca picante
x 1 o 2

aguacates
x 3

cilantro
6 ramitas

lima
x 1

- Despepite el tomate y córtelo en daditos. Corte la cebolla en láminas bien finas. Abra la guindilla por la mitad, retire las semillas y píquela muy fina. Parta los aguacates por la mitad, deshuéselos y vacíelos. Pique bien el cilantro. Exprima la lima.
- Con un tenedor, chafe en un bol el tomate, la cebolla y la guindilla con un poco de sal. Añada el aguacate, el cilantro y el zumo de lima. Pruébelo y rectifique la sazón.

Hummus

listo en 20 minutos

sin cocción

para 4 personas

garbanzos cocidos
240 g

ajo
2 dientes

tahín
2 cucharadas

aceite de oliva
6-8 cucharadas

limón
x ½

- Escurra los garbanzos, aclárelos y retire las pielecillas. Pele los ajos y quíteles el germen. Exprima el medio limón.
- Triture los garbanzos con el ajo, el tahín, el aceite y el zumo de limón. Salpimiente.
- Antes de servir el hummus, rocíelo con un chorrito de aceite de oliva.

Tapenade con higos y menta

listo en 10 minutos

sin cocción

para 4 personas

aceitunas negras
250 g

higos secos
x 4

boquerones
x 3

aceite de oliva
60 ml

menta
4 ramitas

- Deshoje la menta. Quíteles el rabito a los higos y trocéelos.
- Triture todos los ingredientes.
- Pase la pasta a un bol, tápela y resérvela en el frigorífico hasta el momento de servir.

Atún cremoso

atún en aceite de oliva
1 lata

nata fresca
2 cucharadas

cebolletas
x 2

finas hierbas
½ ramito

limón
x ½

listo en 15 minutos

sin cocción

para 4 personas

- Ralle la piel del medio limón y exprímalo. Corte la cebolleta en rodajitas. Pique las finas hierbas. Escurra el atún.
- Chafando con un tenedor, mezcle el atún con la nata, la cebolleta, las hierbas y la ralladura y el zumo de limón.
- Sálelo ligeramente y sazone con pimienta. Déjelo en el frigorífico hasta el momento de servir.

Tzatziki con granada

listo en 30 minutos

5 minutos de cocción

para 4 personas

granada
x ½

yogur griego
400 ml

cebolletas
x 2

cilantro
4 ramitas

comino en grano
½ cucharadita

guindilla
1 pizca

- Tueste el comino unos minutos en una sartén antiadherente. Pique el cilantro y corte las cebolletas en rodajitas finas.
- Haga rodar la granada sobre la encimera apretando con la palma de la mano. Pártala por la mitad y desgránela.
- Mezcle el yogur con la granada (si hubiera mucha, no la ponga toda), el cilantro y la cebolleta. Sazone generosamente con pimienta y añada un poco de sal, el comino y la guindilla. Rocíelo con 1 cucharada de aceite de oliva. Enfríelo antes de servirlo.

7

Mozzarella marinada

listo en 10 minutos

sin cocción

para 4 personas

bolitas de mozzarella
250 g

nata fresca
3 cucharadas

flor de sal
1 pizca

limón
x ½

tomillo
3 ramitas

aceite de oliva
2 cucharadas

- En una fuente honda, mezcle la mozzarella con la nata. Ralle fina por encima la piel del medio limón y añada el zumo.
- Rocíelo con el aceite de oliva y esparza la flor de sal y el tomillo. Sazone con pimienta.

Camembert relleno

camembert
x 1 (bastante maduro)

higos secos
x 4

almendras
x 16

pistachos
x 16

avellanas
x 16

listo en 10 minutos

sin cocción

para 4 personas

- Quíteles el rabito a los higos y córtelos en láminas. Parta el camembert en dos mitades como si fuera un panecillo.
- Rellene el queso con los frutos secos, tápelo, envuélvalo con film transparente y guárdelo en el frigorífico.
- Déjelo reposar a temperatura ambiente 30 minutos antes de servirlo.

Tostadas con queso y pesto

listo en 10 minutos

sin cocción

para 4 personas

pan
8 rebanadas

tomates multicolores
4 pequeños

pesto
2 cucharadas

aceite de oliva
1 chorrito

queso fresco de cabra
120 g

- Lave los tomates y séquelos. Trocéelos. Tueste el pan.
- Unte las tostadas con el pesto, reparta el picadillo de tomates y el queso por encima, rocíelo con un chorrito de aceite de oliva y salpimiente.

Nachos con salsa y feta

listo en 10 minutos

5 minutos de cocción

para 4 personas

nachos de maíz
1 paquete

feta
250 g

salsa suave o picante
1 tarro

cilantro
10 ramitas

- Precaliente el horno a 180 °C. Desmigue el feta. Pique el cilantro.
- Reparta la salsa y el feta sobre los nachos. Caliéntelo 5 minutos en el horno.
- Esparza por encima el cilantro picado.

SOPAS

Brócoli y jengibre

listo en 10 minutos

15 minutos de cocción

para 4 personas

brócoli
x 1

jengibre fresco
x 1 trozo de 5 cm

caldo de gallina
1,2 litros

rábano negro
40 g

cilantro
x 3 ramitas

- Pele el rábano y córtelo en rodajas muy finas. Separe el brócoli en ramitos. Pele el jengibre y rállelo para obtener 1 cucharada.
- Lleve el caldo a ebullición en una cazuela grande y baje el fuego al mínimo. Eche el brócoli y el jengibre, y cuézalo 10 minutos a fuego lento.
- Triture el brócoli con la mitad del caldo y luego añada más hasta ajustar la consistencia a su gusto. Salpimiente. Vierta la sopa en boles y añada las rodajas de rábano y el cilantro troceado. (Servir caliente)

Tomate, olivas y albahaca

listo en 20 minutos
1 hora de reposo

sin cocción

para 4 personas

tomates
1 kg

olivas verdes sin hueso
50 g

ajo
x ½ diente

albahaca
x 10 hojas

barra de pan
x 4 rebanadas

aceite de oliva
1 chorrito

- Lave los tomates, pélelos con un cuchillo afilado y trocéelos.
- Triture el tomate con las olivas, el ajo, unas hojas de albahaca y un chorrito de aceite. Salpimiente y déjelo 1 hora en el frigorífico.
- Vierta la sopa en boles, esparza por encima unas hojas de albahaca y sírvala con las rebanadas de pan. (Servir frío)

Sopa provenzal

calabacines
900 g

berenjena
x 1

feta
40 g

hierbas de Provenza
2 cucharaditas

aceite de oliva
1 chorrito

caldo de verduras
1 litro

listo en 25 minutos

20-25 minutos de cocción

para 4 personas

○ Lave la berenjena y córtela en dados. Póngalos en una fuente refractaria, rocíelos con aceite y salpiméntelos. Áselos 25 minutos en el horno a 180 °C. Lave los calabacines y trocéelos.

○ En una cazuela grande, lleve a ebullición el caldo con el calabacín y luego cuézalo a fuego lento 20 minutos. Triture el calabacín con 200 ml del caldo, y añada más hasta ajustar la consistencia a su gusto. Eche las hierbas y salpimiente.

○ Vierta la sopa en boles y reparta por encima el feta desmigado y los dados de berenjena. (Servir caliente)

Caldo con salmón y tofu

listo en 10 minutos

5 minutos de cocción

para 4 personas

salmón fresco
150 g

tofu
125 g

salsa de soja
4 cucharadas

cebolla tierna
x 1

lima
x 1

cilantro
8 ramitas

- Corte el salmón y el tofu en dados. Corte la cebolla en láminas finas y deshoje el cilantro. Ralle la piel de la lima y exprímala.
- Vierta 1 litro de agua en una cazuela. Añada el tofu, la cebolla, la salsa de soja, el zumo de lima y la mitad de la ralladura. Llévelo a ebullición.
- Ponga los dados de salmón en boles y vierta el caldo encima.
- Sírvalo enseguida, con el resto de la ralladura de lima y del cilantro esparcidos por encima. (Servir caliente)

Alcachofa y rúcula

listo en 10 minutos

10 minutos de cocción

para 4 personas

alcachofas congeladas
600 g

rúcula
x 1 puñado

caldo de gallina
1 litro

limón
x ½

perejil
x 3 ramitas

ajo
x ½ diente

- Descongele los corazones de alcachofa y trocéelos. Pique grueso el perejil. Prense el ajo. Ralle la piel del medio limón.
- Ponga a hervir el caldo en una cazuela grande, eche el ajo, las lcachofas y la rúcula, y cueza la sopa de 5 a 7 minutos.
- Tritúrelo todo con solo una parte del caldo y luego añada más hasta ajustar la consistencia a su gusto.
- Salpimiente y, a continuación, esparza por encima la ralladura de limón y el perejil.
(Servir caliente)

Espinacas y quesitos

listo en 5 minutos

5 minutos de cocción

para 4 personas

espinacas
400 g

quesitos Kiri®
x 8 porciones

quinua
150 g

caldo de gallina
1 litro

almendras fileteadas
4 cucharadas

- Precaliente el horno a 180 °C. Extienda las almendras en la bandeja del horno forrada con papel vegetal y tuéstelas 5 minutos. Cueza la quinua según las instrucciones del envase. Escúrrala.
- En una cazuela grande, lleve a ebullición el caldo con las espinacas y cuézalas 5 minutos. Triture la sopa con solo un poco más de la mitad del caldo y los quesitos. Salpimiente.
- Vierta la sopa en boles y reparta por encima la quinua y las almendras tostadas. (Servir frío)

Zanahoria y manzana

listo en 25 minutos

25 minutos de cocción

para 4 personas

zanahorias
700 g

manzanas rojas
x 1 ½

caldo de verduras
1 litro

pipas de calabaza

- Pele las zanahorias y córtelas en rodajas finas. Lave la manzana y media, pélelas y córtelas en dados grandes. Tueste las pipas de 6 a 8 minutos en una sartén a fuego medio.
- En una cazuela grande, lleve a ebullición el caldo con la zanahoria y la manzana, baje el fuego al mínimo y cueza la sopa de 20 a 25 minutos, hasta que todo esté bien tierno.
- Triture la sopa con solo 250 ml de caldo y luego añada más hasta ajustar la consistencia a su gusto. Salpimiente y esparza las pipas por encima. (Servir caliente)

Sopa al pesto

albahaca
x 1 manojo grande

parmesano
50 g

piñones
50 g

aceite de oliva
120 ml

ajo
x 1 diente pequeño

caldo de verduras
600 ml

listo en 15 minutos

5 minutos de cocción

para 4 personas

- Tueste los piñones 4 minutos en una sartén. Ralle el parmesano. Pele y pique el ajo. Lave y trocee la albahaca.
- Reserve un poco de albahaca y triture el resto con el aceite, el ajo, casi todos los piñones y 40 g de parmesano rallado fino. Salpimiente. Lleve el caldo a ebullición y viértalo sobre el pesto. Añada algo más de caldo si el sabor le resulta fuerte.
- Vierta la sopa en boles. Esparza por encima los piñones y el parmesano y la albahaca restantes. (Servir caliente o fría)

STAUB

19

Thom kha kai

pechuga de pollo
400 g

champiñones
400 g

limoncillo
x 6 tallos

leche de coco
500 ml

cilantro
x 1 manojito

lima
x 1

listo en 5 minutos

20 minutos de cocción

para 4 personas

- Lave los champiñones y el limoncillo, y córtelos en láminas. Corte el pollo en láminas.
- En una cazuela de hierro colado, lleve a ebullición a fuego lento la leche de coco con 100 ml de agua y el limoncillo. Déjelo 10 minutos a fuego lento. Eche 1 cucharadita de sal y los champiñones, y cuézalo 4 minutos. Añada el pollo y cuézalo 2 o 3 minutos. Pruébelo. Si lo desea, añada 1 cucharada de azúcar para equilibrar los sabores.
- Apártelo del fuego y eche un chorro de zumo de lima y el cilantro deshojado.

Acedera y albahaca

listo en 15 minutos

30 minutos de cocción

para 4 personas

acedera congelada
400 g

cebolla
x 1 pequeña

cebolla
x 1 pequeña

caldo de verduras
1 litro

albahaca
x 10 hojas

piñones
4 cucharadas

- Descongele la acedera. Tueste los piñones 4 o 5 minutos en una sartén a fuego medio. Pele las patatas y la cebolla, y córtelas en dados.
- En una cazuela grande, lleve a ebullición el caldo con las patatas, la cebolla y la acedera, y cueza la sopa unos 25 minutos.
- Triture un poco la sopa con solo la mitad del caldo y luego añada más hasta ajustar la consistencia a su gusto.
- Salpimiente y, a continuación, esparza por encima las hojas de albahaca y los piñones tostados. (Servir caliente)

Sopa de zanahoria con jengibre

listo en 15 minutos

30 minutos de cocción

para 4 personas

zanahorias
x 7

cebollas
x 2 grandes

jengibre
80 g

leche de coco
700 ml

cúrcuma molida
1 cucharada

cilantro
unas ramitas

- Pele las cebollas y el jengibre, y córtelos en láminas. Pele las zanahorias y córtelas en rodajas finas.
- Caliente 3 cucharadas de aceite en una cazuela de hierro colado. Con la tapa puesta, rehogue la cebolla 5 minutos con la cúrcuma y 1 cucharadita de sal.
- Eche la zanahoria, tápelo y cuézalo 15 minutos; remueva de vez en cuando. Vierta la leche de coco y 200 ml de agua. Llévelo a ebullición y cuézalo 5 minutos.
- Triture la sopa, pruébela y rectifique la sazón si fuera necesario. Esparza el cilantro por encima. (Servir caliente)

Sopa de cebolla

listo en 15 minutos

35 minutos de cocción

para 4 personas

cebollas
600 g

ajo
x ½ diente

mostaza de Dijon
1 cucharadita

caldo de gallina
1,2 litros

tomillo fresco
x 5 ramitas

mantequilla
30 g

- Pele las cebollas y córtelas en láminas finas.
- Derrita la mantequilla en una cazuela grande.
- Eche la cebolla, añada el ajo prensado y rehóguelo 10 minutos a fuego lento, removiendo a menudo.
- Añada el caldo, las ramitas de tomillo y la mostaza, y cueza la sopa 25 minutos a fuego lento. Salpimiente. (Servir caliente)

23

Crema de guisantes

listo en 5 minutos

20 minutos de cocción

para 4 personas

guisantes
300 g

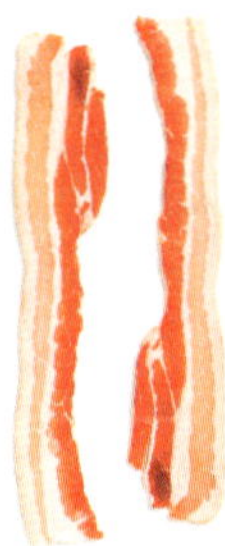

panceta ahumada
50 g

cebolla
x 1

calabacín
x 1

nata líquida
100 ml

- Corte la cebolla en láminas finas. Corte el calabacín en dados. Ponga todos los ingredientes en una cazuela.
- Añada 1 litro de agua, 1 cucharadita de sal y 2 pizcas de pimienta.
- Cuézalo 20 minutos a fuego medio, tapado. Tritúrelo. (Servir caliente)

24

Sopa de lentejas rojas

listo en 5 minutos

20 minutos de cocción

para 4 personas

lentejas rojas
250 g

tomates
× 2

cebolla
× 1

leche de coco
600 ml

garam masala
1 buena cucharada

cilantro
½ manojo

- Pique la cebolla y corte los tomates en dados. Ponga ambos ingredientes en una cazuela de hierro colado. Añada las lentejas, el garam masala, la leche de coco y 400 ml de agua. Cueza la sopa a fuego muy lento de 15 a 20 minutos. Salpimiente y compruebe la cocción.
- Añada un poco de agua o de leche de coco si fuera necesario. Aparte la sopa del fuego y añada el cilantro cortado en tiritas. (Servir caliente)

Sopa china

listo en 15 minutos

15 minutos de cocción

para 4 personas

pechugas de pollo
300 g

miso en pastilla
60 g

fideos de arroz
150 g

brotes de soja
150 g

limoncillo
x 3 tallos

nems de verduras
x 4

- Corte el pollo en tiras. Lave los brotes de soja. Lave los tallos de limoncillo y ábralos de arriba abajo. Parta los nems por la mitad. Cueza los fideos según las instrucciones del envase y escúrralos.
- Lleve a ebullición 1 litro de agua con el miso y el limoncillo (agregue más miso si prefiere un sabor más fuerte). Eche el pollo y cuézalo 8 minutos a fuego lento. Añada los fideos y salpimiente.
- Vierta la sopa en boles y reparta los brotes de soja y los nems. (Servir caliente)

Phô de coco

listo en 10 minutos

15 minutos de cocción

para 4 personas

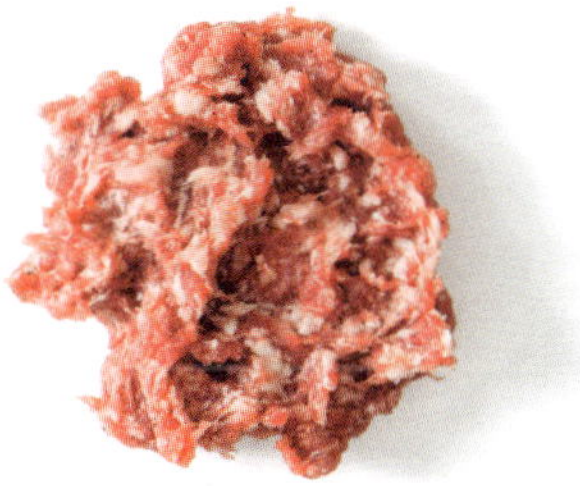

carne de salchicha
700 g

leche de coco
600 ml

tallarines de arroz
600 g

pasta de curri rojo tailandés
1 cucharada

brotes de judía mungo
100 g

azúcar
1 cucharada

- Sofría la pasta de curri 5 minutos en 2 cucharadas de aceite de girasol. Añada la carne de salchicha y 1 cucharadita de sal.
- Vierta 400 ml de agua y la leche de coco, y déjelo cocer a fuego muy lento durante 10 minutos. Pruébelo y rectifique la sazón si fuera necesario.
- Cueza los tallarines al dente en agua hirviendo. Escúrralos. Repártalos en boles y vierta por encima la sopa. Sírvalo con los brotes de judía mungo y cilantro, si lo desea. (Servir caliente)

Fideos, guisantes y huevos

listo en 10 minutos

15 minutos de cocción

para 4 personas

miso en pastilla
60 g

fideos de trigo
120 g

guisantes congelados
100 g

brócoli
x 1

huevos
x 2

guindilla roja fresca
x 1

- Lave el brócoli y sepárelo en ramitos. Corte la guindilla en rodajas finas.
- Cueza los huevos 6 minutos en agua hirviendo apenas, páselos por agua fría y, a continuación, pélelos y pártalos por la mitad.
- En una cazuela grande, lleve a ebullición 1,2 litros de agua con el miso. A continuación, eche los fideos y cuézalos a fuego lento 5 minutos. Añada el brócoli, la guindilla y los guisantes, y cueza la sopa otros 5 minutos. Salpimiéntela. Vierta la sopa en boles y sírvala con los huevos. (Servir caliente)

Chorizo y tirabeques

judías blancas cocidas
240 g

tirabeques
100 g

pimiento rojo
x 1

chorizo
50 g

maíz de lata
200 g

caldo de gallina
1 litro

listo en 20 minutos

1 minuto y 30 segundos de cocción

para 4 personas

- Lave el pimiento y córtelo en tiritas. Corte el chorizo en rodajas y, a continuación, en daditos. Lave las judías y el maíz, y escúrralos.
- En una cazuela grande, lleve a ebullición el caldo con el pimiento y el chorizo. Incorpore los tirabeques, el maíz y las judías. Cueza la sopa 5 minutos a fuego muy lento y salpiméntela. (Servir caliente)

Calabaza y raviolis

listo en 20 minutos

30 minutos de cocción

para 4 personas

calabaza
1 kg

raviolis
x 4 placas

cebollino
x ½ manojo

gruyer rallado
x 1 puñado

caldo de verduras
1 litro

cebolla
x 1

- Cueza los raviolis según las instrucciones del envase y escúrralos.
- Pele la calabaza y córtela en dados. Lave el cebollino y píquelo. Pele y pique la cebolla.
- En una cazuela grande, lleve a ebullición el caldo con la cebolla y la calabaza. Baje el fuego y cueza la sopa 25 minutos. Tritúrela con solo la mitad del caldo y luego añada más en función de la consistencia deseada.
- Salpimiente y añada los raviolis, el cebollino y el gruyer. (Servir caliente)

Zanahoria y guisantes

listo en 25 minutos

15 minutos de cocción

para 4 personas

croquetas de harina
x 3

guisantes congelados
100 g

zanahorias
400 g

cebollas tiernas
x 2

caldo de verduras
1 litro

parmesano
50 g

- Caliente la mantequilla en una sartén y dore las croquetas a fuego lento de 8 a 10 minutos. Córtelas en rodajas.
- Lave las cebollas y córtelas en rodajitas. Ralle el queso. Pele las zanahorias y, con una mandolina, córtelas en tiras finas.
- Lleve a ebullición el caldo en una cazuela grande, eche la zanahoria y cuézala 8 minutos. Añada las rodajas de croqueta de harina, los guisantes y la cebolla, y déjelo hervir otros 5 minutos. Salpimiente. Reparta la sopa en boles y esparza por encima el parmesano. (Servir caliente)

Miso y champiñones

listo en 15 minutos

15 minutos de cocción

para 4 personas

miso en pastilla
60 g

champiñones
250 g

tofu
160 g

fideos de trigo
150 g

ajo
x 2 dientes

semillas de sésamo
2 cucharadas

- Dore el sésamo 3 o 4 minutos en una sartén a fuego medio. Pele los ajos y pártalos por la mitad. Lave los champiñones, quíteles el pie y parta los sombreros en cuartos. Corte el tofu en daditos.
- Lleve a ebullición en una cazuela 1 litro de agua con el miso y el ajo (si prefiere un sabor más fuerte, añada más miso).
- Eche los fideos, los champiñones y el tofu, y cueza la sopa a fuego muy lento unos 10 minutos. Salpimiente y esparza por encima el sésamo tostado. (Servir caliente)

Bacalao y curri amarillo

listo en 15 minutos

12 minutos de cocción

para 4 personas

lomo de bacalao
200 g

pasta de curri amarillo
100 g

limoncillo
x 3 tallos

leche de coco
500 ml

fideos de arroz
150 g

menta
x 2 ramitas

- Lave los tallos de limoncillo y pártalos por la mitad. Corte el pescado por la mitad a lo largo. Cueza los fideos según las instrucciones del envase y escúrralos.

- Lleve a ebullición 400 ml de agua con la mitad de la pasta de curri y el limoncillo. Añada la leche de coco, remueva, pruébelo y agregue más pasta de curri si fuera necesario. Sumerja el pescado y cuézalo 12 minutos a fuego muy lento.

- Eche los fideos. Salpimiente y esparza por encima la menta troceada. (Servir caliente)

Phô de buey

listo en 15 minutos

15 minutos de cocción

para 4 personas

fideos de arroz
160 g

carne tierna de buey
200 g

caldo de carne
1 litro

guindilla roja fresca
x 1

cebollas tiernas
x 2

jengibre fresco
90 g

- Lave las cebollas y córtelas en rodajas finas. Pele el jengibre y córtelo también en rodajas finas. Corte la guindilla en rodajitas y la carne, en láminas.
- Cueza los fideos de arroz según las instrucciones del envase y escúrralos.
- En una cazuela grande, lleve a ebullición el caldo
- con el jengibre y la guindilla. Apague el fuego y déjelo reposar 10 minutos.
- Reparta en boles los fideos, la carne y la cebolla. Vierta 1 cucharón de caldo caliente en cada uno. (Servir caliente)

Minestrone

zanahorias tiernas
300 g

rigatoni
80 g

jamón de Parma
x 4 lonchas

espinacas tiernas
x 1 puñado

parmesano rallado
4 cucharadas

caldo de verduras
1 litro

listo en 25 minutos

20 minutos de cocción

para 4 personas

- Extienda el jamón en la bandeja del horno forrada con papel vegetal y tuéstelo a 180 °C de 10 a 15 minutos. Pele las zanahorias y, si lo desea, córtelas en rodajas.
- En una cazuela grande, lleve a ebullición el caldo con las zanahorias. Después, déjelo cocer a fuego lento 5 minutos. Eche la pasta y cuézala 10 minutos. Añada las espinacas y deje que la sopa hierva otros 2 minutos.
- Añada el jamón crujiente, salpimiente y esparza por encima el parmesano. (Servir caliente)

Cangrejo, pasta y eneldo

listo en 15 minutos

17 minutos de cocción

para 4 personas

carne de cangrejo
100 g

risoni
120 g

fumet de marisco
1 litro

tomates cherry
200 g

maíz de lata
140 g

eneldo
x 3 ramitas

- Lave los tomates cherry y escurra el maíz.
- Lleve el caldo a ebullición en una cazuela grande. Eche la pasta y los tomates, y cuézalo a fuego lento 12 minutos. Pele los tomates.
- Añada la carne de cangrejo en trocitos y el maíz, y cuezala sopa otros 5 minutos. Salpiméntela y repártala en boles. Esparza el eneldo picado por encima. (Servir caliente)

Fideos ramen y remolacha

listo en 15 minutos

20 minutos de cocción

para 4 personas

miso en pastilla
60 g

fideos ramen precocidos
350 g

remolacha cruda
250 g

espinacas tiernas
x 1 puñado

- Pele la remolacha y córtela en rodajas finas. En una cazuela grande, ponga a hervir 1 litro de agua con el miso y la remolacha (si prefiere un sabor más fuerte, añada más miso). Cueza la sopa unos 15 minutos.
- Eche los fideos en la sopa 4 minutos antes del fin de la cocción. Salpimiente y añada las espinacas. (Servir caliente)

Sopa de invierno

listo en 15 minutos

30 minutos de cocción

para 4 personas

calabaza moscada
500 g

apionabo
500 g

mechas de panceta
150 g

cebolla
x 1 grande

curri en polvo
1 cucharada

aceite de girasol
3 cucharadas

- Pele la calabaza y el apionabo, y córtelos en daditos. Pele la cebolla y córtela en láminas.
- Dore las mechas de panceta en el aceite caliente. Añada las hortalizas, el curri y 1 cucharadita de sal. Rehóguelo a fuego lento durante 10 minutos, tapado.
- Añada unos 1,2 litros de agua, llévelo a ebullición y luego cuézalo a fuego lento 15 minutos. Pruébelo y rectifique la sazón si fuera necesario. Sirva la sopa triturada o tal cual. (Servir caliente)

ENSALADAS

Pepino, fresas y queso de cabra

listo en 20 minutos

sin cocción

para 6 personas

pepino
× 1

fresas
× 8

queso de cabra
100 g

menta
× 2 ramitas

pipas de calabaza
1 cucharada

vinagreta (receta 48)
× ½

- Corte el pepino en rodajas finas, parta las fresas en cuartos y corte la menta en tiritas.
- Disponga el pepino y las fresas en una fuente, y esparza por encima el queso, la menta y las pipas.
- Rocíe la ensalada con la vinagreta antes de servirla.

Apio a la tailandesa

listo en 15 minutos

sin cocción

para 4 personas

apio
200 g

cilantro
× ½ ramito

menta
× 6 ramitas

cacahuetes salados
40 g

pimiento rojo
80 g

salsa de tahín (receta 47)
× 1

○ Pele las ramas de apio y córtelas en rodajas bien finas. Limpie el pimiento, retire las semillas y píquelo con un cuchillo. Deshoje las hierbas y píquelas. Pique los cacahuetes.

○ Justo antes de servir la ensalada, mezcle todos los ingredientes con la salsa de tahín (véase receta 47).

Trigo con remolacha y feta

listo en 10 minutos

15 minutos de cocción

para 1 persona

trigo integral
80 g

champiñones
x 6 pequeños

feta
x 12 dados

mesclun
x 1 puñado

remolacha cocida al vacío
x ½

aceite de oliva
1 chorrito

- Cueza el trigo según las ins-trucciones del envase.
- Limpie los champiñones y córtelos en láminas. Corte la remolacha en daditos. Lave el mesclun.
- Ponga en un bol el trigo escu-rrido,las hojas de ensalada, los dados de remolacha, las láminas de champiñón y los dados de feta. Aliñe el plato con la vinagreta (véase receta 48).

Melón, pollo y feta

melón cantalupo
× 1

pechugas de pollo
300 g

feta
100 g

eneldo
× 2 ramitas

pastis
4 cucharadas

aceite de oliva
4 cucharadas

listo en 20 minutos

10 minutos de reposo
12 minutos de cocción

para 6 personas

- Ase las pechugas 6 minutos por cada lado, envuélvalas en papel de aluminio y deje que se entibien 15 minutos.
- Pele el melón, pártalo por la mitad, despepítelo y trocéelo. Úntelo bien con el pastis y el aceite, y déjelo reposar 10 minutos en el frigorífico.
- Corte el pollo en lonchas. Pique el eneldo. Desmenuce el feta.
- Mezcle el melón con el pollo, el feta, el eneldo y 2 pizcas de sal y de pimienta. Sirva la ensalada fría.

Superensalada de pollo

listo en 30 minutos

20 minutos de cocción

para 2 personas

garbanzos cocidos
265 g

bulgur
40 g

pechuga de pollo
x 1

limón
x 1

cilantro
x 6 ramitas

comino en grano
x 1 pizca

- Ponga el bulgur en un bol, añada un poco de sal y 200 ml de agua hirviendo, y deje que se hinche. Exprima el limón. Pique el cilantro.
- Corte el pollo en trocitos y dórelo 5 minutos en una sartén con 1 cucharada de aceite. Añada el comino.
- Bata 3 cucharadas de aceite de oliva con 3 cucharaditas de zumo de limón. Salpimiente.
- Mezcle el bulgur con los garbanzos escurridos, el pollo y la vinagreta. Esparza el cilantro por encima y mézclelo.

Mango con nata al curri

listo en 10 minutos

sin cocción

para 4 personas

mango
× 1 grande

nata fresca espesa
500 g

curri
1 cucharada rasa

aceite de oliva
2 cucharadas

cebollino
× 6 tallos

- Pele el mango y córtelo en láminas.
- Mezcle la nata con el aceite, el curri y 2 pizcas de sal y de pimienta molida. Pique el cebollino
- Vierta la salsa sobre el mango, remueva y sirva la ensalada con el cebollino picado esparcido por encima.

44

Lentejas, remolacha y calabaza

listo en 15 minutos

35 minutos de cocción

para 2 personas

lentejas verdes
120 g

remolacha cocida
x ½

calabaza Hokkaido
450 g

perifollo
x 1 ramito

feta
x 15 dados

aceite de oliva
1 chorrito

- Precaliente el horno a 200 °C. Lave la calabaza y pártala por la mitad y después en cuñas. Extiéndalas en la bandeja del horno forrada con papel vegetal, rocíelas con aceite y salpimiéntelas. Áselas en el horno 35 minutos.
- Cueza las lentejas según se indique en el envase; escúrralas. Corte la remolacha en dados.
- Reparta en dos boles las lentejas, la remolacha y las cuñas de calabaza asadas. Desmigue el feta por encima y esparza el perifollo picado. Alíñelo con la vinagreta (véase receta 48).

45

Garbanzos y salmón

garbanzos cocidos
x ½ lata

pepino
x ¼

bulbo de hinojo
x ½ pequeño

menta
x 2 ramitas

salmón ahumado
x 1 loncha

lima
x ½

listo en 10 minutos

sin cocción

para 1 persona

- Escurra los garbanzos y aclárelos. Pele el pepino y córtelo en rodajas finas. Lave el bulbo de hinojo y córtelo asimismo en rodajas finas.
- Lave las hojas de la menta, córtelas en tiritas y mézclelas con los garbanzos.
- Ponga en un bol los garbanzos, las rodajas de pepino, el hinojo, el salmón ahumado y la lima partida en cuartos. Alíñelo con la vinagreta (véase receta 48).

46

Arroz negro, col y langostinos

arroz negro
70 g

langostinos
x 10

col lombarda
x ¼

limón
x 1

aguacate
x 1

cebollino
x ¼ de manojo

listo en 10 minutos

30 minutos de cocción

para 1 persona

- Cueza el arroz según las instrucciones del envase.
- Pele los langostinos. Parta el limón en cuartos. Corte la col lombarda en juliana y pique el cebollino. Parta el aguacate por la mitad, deshuéselo, pélelo y córtelo en dados. Rocíelo con un poco de zumo de limón.
- Ponga en un bol el arroz negro escurrido, los langostinos, 2 cuartos de limón, los dados de aguacate y la col lombarda. Esparza por encima el cebollino. Alíñelo con la vinagreta (véase receta 48).

47

Salsa de tahín

listo en 5 minutos

sin cocción

para 1 ración

tahín
2 cucharadas

lima
× 1

salsa de soja
1 cucharada

- Ralle la piel de la lima y exprímala.
- Batiendo con el batidor de varillas, mezcle el zumo y la ralladura de lima con el tahín, la salsa de soja y 3 cucharadas de agua caliente.

Vinagreta

listo en 5 minutos

sin cocción

para 1 ración

mostaza a la antigua
½ cucharada

aceite (al gusto)
6 cucharadas

vinagre de jerez
½ cucharada

- Con el batidor de varillas, bata todos los ingredientes con 2 pizcas de sal y de pimienta.

VERDURAS

Trigo, zanahorias y huevo

listo en 10 minutos

40 minutos de cocción

para 2 personas

trigo integral
125 g

zanahorias
x 10, pequeñas

huevos
x 2

cebollino
x ½ manojo

pepino
x ½

aceite de oliva
2 chorritos

- Precaliente el horno a 180 °C. Cueza el trigo según las instrucciones del envase. Pele el pepino y córtelo en trocitos.
- Lave las zanahorias. Colóquelas en la bandeja del horno, rocíelas con aceite, salpimiéntelas y áselas 40 minutos.
- Reparta en dos boles el trigo escurrido, las zanahorias asadas y el pepino.
- Haga los huevos al plato con un poco de aceite 2 o 3 minutos. Póngalos en los boles y esparza por encima el cebollino picado. Alíñelo con la vinagreta (véase receta 48).

Arroz de coliflor salteado

coliflor
× 1

cebolletas
× 5

zanahoria
× 1

aceite vegetal
3 cucharadas

guisantes congelados
150 g

salsa de soja
3 cucharadas

listo en 10 minutos

6 minutos de cocción

para 4 personas

- Corte las cebolletas en rodajitas y reserve la parte verde. Corte la zanahoria en dados. Pique la coliflor en la picadora, no muy fina, para obtener unos granos medianos.
- Caliente el aceite en una sartén y rehogue la parte blanca de la cebolleta y la zanahoria 1 minuto. Añada la coliflor y la salsa de soja. Sazone con pimienta. Rehóguelo 4 minutos, removiendo.
- Añada los guisantes y rehogue 1 minuto más. Pruébelo y rectifique la sazón si fuera necesario. Esparza por encima la parte verde de la cebolleta.

MDUSA

Champiñones rellenos

listo en 20 minutos

20 minutos de cocción

para 4 personas

champiñones
× 20 medianos

avellanas
60 g

parmesano
60 g

perejil
× 6 ramitas

ajo
× 2 dientes

aceite de oliva
4 cucharadas

- Precaliente el horno a 200 °C.
- Limpie los champiñones y quíteles el pie. Trocee las avellanas, prense el ajo y pique el perejil. Mezcle las avellanas, el ajo y el perejil con el aceite y el parmesano rallado. Sazone generosamente con pimienta.
- Coloque los champiñones en la bandeja del horno, sálelos ligeramente y rellénelos con la preparación. Áselos en el horno 20 minutos, observando el color para que no se quemen.

Hortalizas asadas y cuscús

listo en 5 minutos

15 minutos de cocción

para 4 personas

hortalizas asadas congeladas
600 g

tomates cherry
200 g

sémola
200 g

menta
× 1 manojo

limón
× 1

aceite de oliva
5 cucharadas

- Precaliente el horno a 220 °C.
- Extienda las hortalizas congeladas en la bandeja del horno. Rocíelas con la mitad del aceite y caliéntelas en el horno 15 minutos.
- Pele los pimientos. Córtelo todo en trozos de tamaño regular.
- Vierta agua hirviendo sobre la sémola hasta cubrirla apenas. Cuézala 30 segundos en el microondas.
- Mezcle las verduras con la sémola. Añada los tomatitos partidos en cuartos, la menta picada, el resto del aceite y el zumo de limón. Salpimiente.

Polenta con champiñones

listo en 15 minutos

5 minutos de cocción

para 2 personas

polenta instantánea
130 g

parmesano rallado
4 cucharadas

champiñones
300 g

aceite de oliva
1 chorrito

vinagre balsámico
1 chorrito

perejil
x 3 ramitas

- Lave el perejil y píquelo bien. Deseche el pie de los champiñones, lávelos y pártalos en cuartos.
- Rehogue los champiñones 5 minutos en una sartén con el aceite de oliva. Añada el vinagre balsámico, sal, pimienta y la mitad del perejil.
- Lleve a ebullición en una cazuela 600 ml de agua. Eche la polenta poco a poco, removiendo, y cuézala 3 minutos a fuego lento. Salpimiente y, a continuación, pásela a un bol y reparta por encima los champiñones rehogados, el parmesano y el perejil.

Patatas tiernas con espinacas

listo en 10 minutos

15 minutos de cocción

para 1 persona

espinacas tiernas
x 2 puñados grandes

patatas tiernas
x 15

aceite de sésamo
2 chorritos

pan integral de cereales
x 1 rebanada

ajo
x 1 diente

- Cueza las patatas 15 minutos en agua con sal. Escúrralas y, a continuación, pélelas.
- Pele el ajo y píquelo. Corte el pan en dados. En una sartén, dore los dados de pan con un chorrito de aceite de sésamo, sal y pimienta hasta que estén crujientes. Resérvelos.
- En la misma sartén, rehogue 4 o 5 minutos las espinacas con otro chorrito de aceite de sésamo y el ajo. Dispóngalas en un bol con las patatas calientes, salpimiente y añada los picatostes.

STAUB
STAUB

Calabaza y lentejas

listo en 5 minutos

10 minutos de cocción

para 4 personas

calabaza
× 1 pequeña

espinacas
200 g

lentejas rojas
150 g

cebolla
× 1 grande

leche de coco
500 ml

curri en polvo
2 cucharadas

- Limpie las hortalizas. Corte la calabaza en cuñas finas y la cebolla, en rodajas finas.
- En una cazuela de hierro colado, caliente hasta que apenas hierva la leche de coco con el curri, la cebolla y la calabaza. Salpimiente. Cuézalo 4 minutos, tapado.
- Eche las lentejas y prolongue la cocción 6 minutos, siempre con la cazuela tapada. Añada las espinacas y termine de cocerlo 1 minuto.

Calabaza con nueces y queso azul

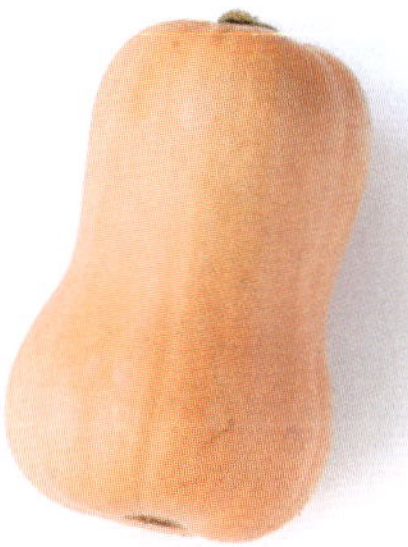

calabaza moscada
× 1 mediana

cebolla
× 1

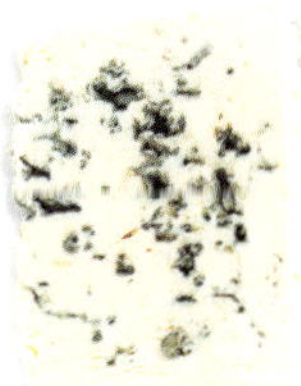

queso azul
125 g

aceite de oliva
4 cucharadas

nueces
40 g

listo en 15 minutos

45 minutos de cocción

para 4 personas

- Precaliente el horno a 200 °C.
- Parta la calabaza por la mitad a lo largo, límpiela y vacíela un poco. Reserve la pulpa que saque. Salpimiente las dos mitades y rocíelas con 2 cucharadas de aceite. Áselas en el horno 30 minutos.
- Corte la cebolla en rodajas finas y dórela en una sartén con el resto del aceite. Corte la carne de calabaza en daditos. Mézclelos con la cebolla, las nueces y el queso. Salpimiente.
- Rellene las mitades de calabaza y áselas otros 15 minutos.

Bulgur, calabaza y queso

listo en 10 minutos

20 minutos de cocción

para 4 personas

bulgur
150 g

calabaza
600 g

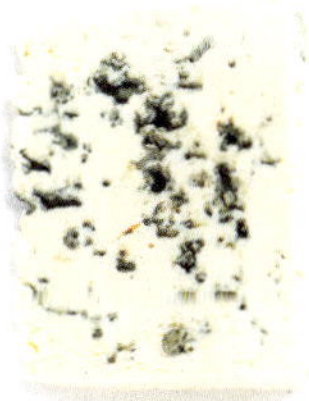

queso azul
65 g

cebolla
x 1

nata líquida
200 ml

- Pele la calabaza y córtela en dados. Corte la cebolla en láminas finas. Ponga todos los ingredientes en una cazuela.
- Añada 500 ml de agua, 1 cucharadita de sal y 2 pizcas de pimienta.
- Cuézalo 20 minutos a fuego medio, removiendo de vez en cuando.

Quinua, lentejas y espinacas

listo en 5 minutos

30 minutos de cocción

para 4 personas

quinua
125 g

lentejas verdes
125 g

espinacas
400 g

cebolla
x 1

caldo de verduras
1 pastilla

aceite de oliva
2 cucharadas

- Lave las espinacas y píquelas. Corte la cebolla en láminas finas. Ponga todos los ingredientes en una cazuela.
- Añada 700 ml de agua, 1 cucharadita de sal y 2 pizcas de pimienta.
- Cuézalo a fuego medio 30 minutos, tapado y removiendo de vez en cuando.

Zanahoria, miel y naranja

zanahorias tiernas
× 1 manojo

naranjas
× 2

miel
2 cucharadas

aceite de oliva
4 cucharadas

pimienta de Jamaica molida
1 cucharadita colmada

listo en 15 minutos

45 minutos de cocción

para 4 personas

- Precaliente el horno a 180 °C.
- Si no son de cultivo biológico, pele las zanahorias. Pele las naranjas llevándose bien toda la parte blanca de la piel y córtelas en rodajas.
- En un recipiente, mezcle las especias con la miel y el aceite. Salpimiente y unte bien las zanahorias y la naranja, removiendo.
- Extienda las zanahorias y la naranja en la bandeja del horno y áselas 45 minutos, dándoles la vuelta de vez en cuando.

Parmigiana

listo en 15 minutos

40 minutos de cocción

para 4 personas

berenjenas
× 2

tomate troceado de lata
500 g

ajo
× 3 dientes

albahaca
× 4 ramitas

mozzarella
125 g

aceite de oliva
5 cucharadas

- Precaliente el horno a 210 °C.
- Parta las berenjenas por la mitad a lo largo. Sálelas generosamente y deje que suden 15 minutos. Séquelas.
- Mezcle el tomate con los ajos prensados. Salpimiente, añada 2 cucharadas de aceite y viértalo en una fuente refractaria. Coloque las berenjenas encima y úntelas con el resto del aceite. Áselas en el horno 30 minutos. Cubra las berenjenas con salsa de tomate, sazónelas con pimienta y reparta la mozzarella por encima. Áselas otros 10 minutos. Sirva la parmigiana con la albahaca.

Coliflor, queso y beicon

coliflor
500 g

beicon
300 g

rulo de queso de cabra
250 g

nata líquida
200 ml

cebolla
x 1

listo en 5 minutos

15 minutos de cocción

para 4 personas

- Pique el beicon. Corte la cebolla en láminas finas. Corte en rodajas todo el rulo de queso excepto 50 g. Separe la coliflor en ramitos.
- Ponga en una cazuela todos los ingredientes excepto los 50 g de queso reservados.
- Salpimiéntelo y cuézalo 15 minutos, tapado.
- Sírvalo con el resto del queso cortado en trocitos esparcido por encima.

Quinua y salchichas

quinua
250 g

salchichas ahumadas
200 g

manzanas
x 2

salvia
8 hojas

chalote
x 1

listo en 5 minutos

30 minutos de cocción

para 4 personas

- Corte las salchichas en rodajas. Parta las manzanas en cuartos y descorazónelas. Corte el chalote en láminas finas.
- Ponga todos los ingredientes en una cazuela.
- Añada 700 ml de agua, 1 cucharadita de sal y 2 pizcas de pimienta.
- Cuézalo 30 minutos a fuego medio, tapado y removiendo de vez en cuando.

Hinojo, zanahoria y limón

listo en 15 minutos

45 minutos de cocción

para 4-6 personas

bulbos de hinojo
× 4

zanahorias tiernas
× 1 manojo pequeño

cebollas rojas
× 2

aceite de oliva
5 cucharadas

limones
× 2

aceitunas negras
200 g

- Precaliente el horno a 220 °C.
- Pele las verduras. Parta los bulbos de hinojo en cuartos. Corte las cebollas en 6 cuñas y los limones, en rodajas gruesas.
- En un bol grande, mezcle los ingredientes preparados con el aceite. Salpimiéntelos. Extiéndalos en la bandeja del horno sin solaparlos. Ase las hortalizas en el horno 30 minutos. Deles la vuelta, añada las aceitunas y áselas otros 15 minutos.

Coles de Bruselas y calabaza

listo en 20 minutos

40 minutos de cocción

para 4 personas

coles de Bruselas
600 g

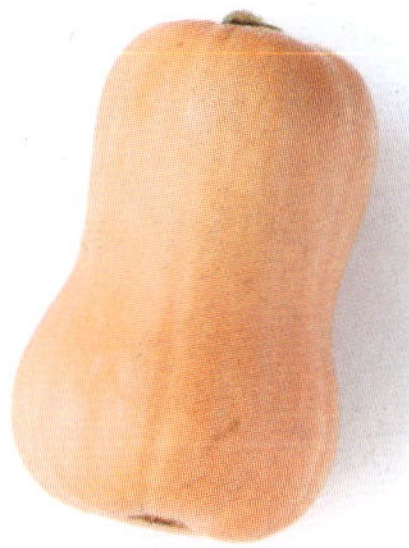

calabaza moscada
600 g

panceta
150 g

arándanos rojos
50 g

cebollas
× 2

aceite de oliva
4 cucharadas

- Precaliente el horno a 200 °C.
- Corte la base de las coles de Bruselas. Pele la calabaza y las cebollas. Parta las coles de Bruselas por la mitad y trocee la calabaza. Corte las cebollas en 6 cuñas y trocee la panceta.
- Unte las coles de Bruselas, la calabaza y la cebolla con el aceite. Salpimiente y extiéndalo en la bandeja del horno. Ase las hortalizas en el horno 20 minutos. Deles la vuelta, añada la panceta y siga asándolas otros 20 minutos. Esparza los arándanos por encima antes de servirlas.

Patatas y alcachofas

listo en 10 minutos

30 minutos de cocción

para 4 personas

patatas
500 g

alcachofas violetas
x 3

panceta ahumada
100 g

cebolla
x 1

caldo de verduras
1 pastilla

aceite de oliva
2 cucharadas

- Pele las patatas y córtelas en dados grandes. Parta las alcachofas en cuartos. Corte la cebolla en láminas finas.
- Caliente el aceite en una cazuela de hierro colado. Eche las mechas de panceta y la cebolla, y rehóguelo 5 minutos removiendo de vez en cuando.
- Añada las patatas, las alcachofas, la pastilla de caldo y 2 pizcas de pimienta, y remueva.
- Vierta 500 ml de agua y cuézalo unos 25 minutos a fuego medio, tapado.

Calabacín, jamón y queso

listo en 10 minutos

35 minutos de cocción

para 4 personas

calabacines
× 4

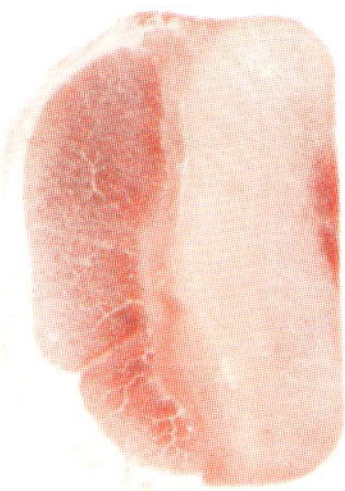

jamón dulce
× 4 lonchas

queso comté rallado
150 g

nata líquida
150 ml

huevo
× 1

- Corte los calabacines en rodajas bastante finas. Póngalas en un recipiente con tapa adecuado para el microondas y cuézalas 5 minutos. Escúrralas y séquelas con papel de cocina.
- Precaliente el horno a 190 °C.
- Mezcle la nata con el huevo y el queso. Salpimiente generosamente. Añada el calabacín. Superponga las lonchas de jamón y córtelas en bandas. Disponga las rodajas de calabacín en una fuente alternándolas con el jamón. Vierta toda la nata por encima. Gratínelo 30 minutos.

Coles de Bruselas y beicon

listo en 10 minutos

20 minutos de cocción

para 4 personas

coles de Bruselas
400 g

lonchas de beicon
100 g

nata líquida
200 ml

mostaza
1 cucharada

tomillo
2 ramitas

aceite de oliva
1 cucharada

- Corte la base de las coles de Bruselas y deseche las primeras hojas. Pártalas por la mitad.
- Caliente el aceite en una cazuela de hierro colado y eche las coles y el beicon. Rehóguelo 5 minutos, removiendo.
- Añada el resto de los ingredientes, 200 ml de agua, 1 cucharadita de sal y 2 pizcas de pimienta.
- Cuézalo 20 minutos a fuego medio, tapado.

Patatas, panceta y huevos

patatas tiernas
500 g

panceta ahumada
100 g

nata fresca espesa
200 ml

cebolla
x 1

tomillo
2 ramitas

huevos
x 4

listo en 10 minutos

30 minutos de cocción

para 4 personas

- Corte la cebolla en láminas finas. Ponga en una cazuela de hierro colado todos los ingredientes excepto los huevos.
- Añada 300 ml de agua, 1 cucharadita de sal y 2 pizcas de pimienta.
- Cuézalo a fuego medio 30 minutos, tapado. Remueva (la salsa debe quedar cremosa).
- Casque los huevos en la cazuela, tápela y cuézalo 5 minutos más.

Verduras y salchicha

listo en 15 minutos

45 minutos de cocción

para 4 personas

col
× 1 pequeña

zanahorias
× 2

nabos
× 4

salchicha de Morteau
(ahumada) × 1

puerro
× 1 grande

judías blancas congeladas
450 g

- Limpie las verduras. Parta la col en cuartos y las otras, por la mitad o en cuartos según su tamaño.
- Ponga en una cazuela de hierro colado la col, las judías, los nabos, las zanahorias y la salchicha. Vierta agua solo hasta cubrirlo. Salpimiente y cuézalo 30 minutos a fuego muy lento.
- Añada el puerro y prolongue la cocción 15 minutos.
- Trocee la salchicha antes de servir el plato.

PASTA

Pasta, calabacín y menta

calabacines
x 2

menta
8 ramitas

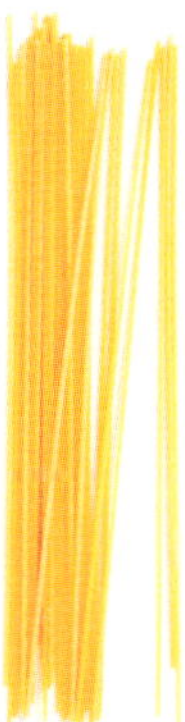

espaguetis
250 g

cebolla
x 1

aceite de oliva
4 cucharadas

listo en 10 minutos

15 minutos de cocción

para 4 personas

- Corte los calabacines y la cebolla en láminas finas. Corte la menta en tiritas.
- Reserve la mitad de la menta y ponga el resto de los ingredientes en una cazuela. Añada 700 ml de agua, 1 cucharadita de sal gorda y 2 pizcas de pimienta. Cuézalo de 15 a 20 minutos a fuego medio, removiendo. Deben quedar 2 cm de líquido en el fondo de la cazuela.
- Espere 5 minutos, remueva y sírvalo con el resto de las tiritas de menta.

Calabacín, pesto y tomatitos

listo en 20 minutos

1 minuto y 30 segundos de cocción

para 4 personas

calabacines
× 4

tomates cherry
400 g

ajo
× 2 dientes

aceite de oliva
3 cucharadas

pesto
5 cucharadas

parmesano
50 g

- Precaliente el horno a 190 °C. Parta los tomatitos por la mitad y extiéndalos en la bandeja del horno, con la parte cortada hacia arriba. Prense los ajos. Mezcle el ajo con el aceite. Reparta la salsa sobre los tomates y salpimiente. Áselos en el horno 15 minutos.
- Con un cortador en espiral, haga los espaguetis de calabacín. Cuézalos 1 minuto y 30 segundos en el microondas, tapados y en 2 veces. Deseche el agua que suelten y mézclelos con el pesto. Sírvalos con los tomates y el parmesano en copos.

Pepino y guacamole

listo en 15 minutos

sin cocción

para 4 personas

pepinos
× 2

aguacates maduros
× 2

tomates cherry
100 g

cebolla roja
× ½

lima
× 1

cilantro
× ½ manojo

- Con un tenedor, chafe la pulpa de los aguacates con el zumo de la lima. Salpimiente.
- Corte la cebolla en rodajas finas. Parta los tomatitos en cuartos y pele los pepinos. Con un cortador en juliana o en espiral, haga los espaguetis de pepino. Mézclelos con el guacamole.
- Sírvalos con los tomates, la cebolla y las hojas del cilantro.

Orecchiette con tomate

listo en 20 minutos

10 minutos de cocción

para 2 personas

orecchiette
175 g

tomates
250 g

pimiento rojo
x 1 pequeño

cilantro
unas ramitas

tomates secos en aceite
x 4

aceite de oliva
3 cucharadas

- Cueza la pasta según las instrucciones del envase. Corte los tomates y el pimiento en daditos muy pequeños. Pique una cebolla pelada, el cilantro lavado y los tomates secos.
- Mezcle todos los ingredientes preparados excepto la pasta y sazone la salsa con sal, pimienta y aceite de oliva.
- Mezcle la salsa con la pasta caliente.

Pasta, atún y tomate

tiburones
250 g

salsa de tomate
250 g

atún en aceite de oliva
300 g

cebolla
x 1

albahaca
12 hojas

listo en 5 minutos

20 minutos de cocción

para 4 personas

- Corte la cebolla en láminas finas y la albahaca, en tiritas. Reserve un poco de albahaca y ponga el resto de los ingredientes en una cazuela.
- Añada 750 ml de agua, 1 cucharadita de sal y 2 pizcas de pimienta.
- Cuézalo de 15 a 20 minutos a fuego medio, removiendo de vez en cuando. Deben quedar 2 cm de líquido en el fondo de la cazuela.
- Espere 5 minutos, remueva y sírvalo con el resto de la albahaca esparcida por encima.

Lazos, salmón y espinacas

listo en 10 minutos

15 minutos de cocción

para 4 personas

lazos
250 g

salmón ahumado
200 g

nata fresca espesa
200 g

cebolla
x 1

espinacas tiernas
150 g

- Corte la cebolla en láminas finas. Ponga todos los ingredientes en una cazuela.
- Añada 700 ml de agua, 1 cucharadita de sal gorda y 2 pizcas de pimienta.
- Cuézalo de 15 a 20 minutos a fuego medio, removiendo de vez en cuando. Deben quedar 2 cm de líquido en el fondo de la cazuela.
- Espere 5 minutos, remueva y sírvalo.

Espaguetis de medianoche

listo en 20 minutos

10 minutos de cocción

para 2 personas

ajo
x 3 dientes

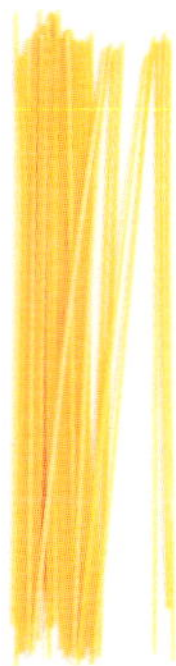

espaguetis
200 g

copos de guindilla
x 1 buena pizca

aceite de oliva
4 cucharadas

- Cueza la pasta 10 minutos en una cazuela grande con agua salada hirviendo.
- Pele el ajo y córtelo en láminas muy finas. Reserve un poco del agua de cocción y escurra la pasta.
- Devuelva la cazuela al fuego, eche el aceite y caliéntelo a fuego medio. Añada el ajo y la guindilla, y rehóguelo solo hasta que el ajo se dore muy ligeramente.
- Apártelo del fuego, añada la pasta y el agua reservada, y mézclelo todo con cuidado.

77

Espaguetis con queso

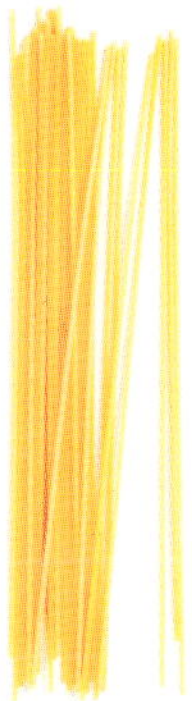

espaguetis
200 g

olivas
40 g

queso fresco de cabra
200 g

perejil
unas ramitas

tomates secos
x 4

cebollas tiernas
x 2

listo en 20 minutos

10 minutos de cocción

para 2 personas

- Cueza la pasta según las instrucciones del envase.
- Pique bien las olivas, el perejil, los tomates secos y las cebollas.
- Mézclelos en un bol grande con aceite, un poco de sal y pimienta.
- Escurra la pasta y sírvala con el picadillo y el queso desmigado.

Tallarines, sardinas y feta

listo en 5 minutos

20 minutos de cocción

para 4 personas

tallarines
250 g

sardinas en aceite de oliva 120 g

feta
200 g

cebolla
x 1

copos de guindilla
1 cucharadita

- Corte el queso en dados y la cebolla, en láminas finas. Ponga todos los ingredientes en una cazuela.
- Añada 750 ml de agua y 1 cucharadita de sal gorda.
- Cuézalo de 15 a 20 minutos a fuego medio, removiendo de vez en cuando. Deben quedar 2 cm de líquido en el fondo de la cazuela.
- Espere 5 minutos, remueva y sírvalo.

Pasta, atún y alcaparras

listo en 10 minutos

15 minutos de cocción

para 4 personas

orechiette
350 g

atún en aceite de oliva
300 g

alcaparras
100 g

limón
x 1

ajo
2 dientes

- Escurra las alcaparras. Ralle la piel del limón y exprímalo. Pele los ajos y prénselos.
- Reserve la mitad de la ralladura de limón y ponga el resto de los ingredientes en una cazuela (vierta también el aceite del atún).
- Añada 1 litro de agua y 2 pizcas de pimienta. Cuézalo de 15 a 20 minutos a fuego medio, removiendo de vez en cuando. Deben quedar 2 cm de líquido en el fondo de la cazuela.
- Sírvalo con el resto de la ralladura de limón esparcida por encima.

Tallarines a la carbonara

listo en 20 minutos

10 minutos de cocción

para 2 personas

tallarines
200 g

beicon
x 4 lonchas

huevos
× 2

parmesano
50 g

mantequilla
10 g

- Corte el beicon en tiras finas. Caliente la mantequilla en una cazuela, eche el beicon y sofríalo hasta que empiece a dorarse. Resérvelo en un plato.
- Caliente 2 litros de agua en una cazuela. Añada un poco de sal. Cuando hierva, eche la pasta y cuézala a fuego fuerte el tiempo indicado en el envase.
- Ralle el queso y mézclelo con los huevos en un bol grande. Añada el beicon frito.
- Escurra la pasta, viértala en el bol, remueva y sazone con pimienta.

Espaguetis y albóndigas

espaguetis
250 g

carne picada de buey
12 albóndigas

salsa de tomate
200 g

cebolla
x 1

albahaca
1 ramillete

parmesano
1 trozo

listo en 5 minutos

20 minutos de cocción

para 4 personas

- Corte la cebolla en láminas finas. Corte la albahaca en tiritas. Ponga en una cazuela todos los ingredientes excepto un poco de albahaca y el parmesano. Añada 750 ml de agua, 1 cucharadita de sal gorda y 2 pizcas de pimienta.
- Cuézalo de 15 a 20 minutos a fuego medio, removiendo de vez en cuando. Deben quedar 2 cm de líquido en el fondo de la cazuela.
- Espere 5 minutos, remueva y sírvalo con el resto de la albahaca y el parmesano rallado esparcidos por encima.

CURRIS

Curri de espinacas

listo en 5 minutos

15 minutos de cocción

para 6 personas

arroz integral
100 g

espinacas tiernas
x 2 puñados grandes

plátano
x ½

curri en polvo
½ cucharadita

ricota
x ½ terrina

cilantro
x 3 ramitas

- Cueza el arroz según las instrucciones del envase.
- Caliente un chorrito de aceite de oliva en una sartén a fuego medio y fría el plátano cortado en rodajas, 2 minutos por cada lado.
- Lave las espinacas y rehóguelas en una cazuela a fuego lento con la ricota, el curri, sal y pimienta.
- Disponga en un bol el arroz escurrido, el curri de espinacas y el plátano. Esparza por encima el cilantro troceado.

STAUB
STAUB

Curri verde de aguacate

judías rojas cocidas
800 g

piña
x 1 pequeña

aguacates
x 2 pequeños

leche de coco
500 ml

asta de curri verde tailandés
1 cucharada

cilantro
x ½ ramito

listo en 10 minutos

10 minutos de cocción

para 4 personas

- Pele la piña y pártala en cuartos. Deseche la parte dura central y córtela en láminas.
- En una cazuela de hierro colado, deslía la pasta de curri en la leche de coco. Eche 1 cucharadita de sal. Llévelo a ebullición y añada las judías aclaradas y escurridas. Cuézalo 5 minutos, agregue la piña y cuézalo 1 minuto más. Pruébelo y rectifique la sazón si fuera necesario. Si lo desea, añada 1 cucharada de azúcar para equilibrar los sabores.
- Apártelo del fuego y disponga encima los aguacates en láminas y el cilantro picado.

Verduras indias

listo en 15 minutos

20 minutos de cocción

para 6 personas

coliflor
400 g

boniato
300 g

guisantes congelados
200 g

cebollas
x 2

leche de coco
300 ml

garam masala
1 buena cucharada

- Separe la coliflor en ramitos. Parta los más grandes en 2. Pele el boniato y córtelo en trozos de tamaño regular. Pele las cebollas y córtelas en láminas.
- Rehogue la cebolla en 3 cucharadas de aceite de girasol con el garam masala. Añada 1 cucharadita de sal y, después, la coliflor y la leche de coco. Cuézalo 5 minutos, tapado.
- Agregue el boniato y cuézalo 10 minutos. Incorpore los guisantes sin descongelar y cuézalo 2 minutos más. Remueva, pruébelo y rectifique la sazón si fuera necesario.

Mejillones al curri

mejillones
1,5 kg

chalotes
x 2

mantequilla
25 g

nata fresca espesa
200 ml

vino blanco
15 cl

curri en polvo
1 buena cucharada

listo en 5 minutos

15 minutos de cocción

para 2 personas

- Pele los chalotes y córtelos en láminas. Rehóguelas con el curri en la mantequilla. Vierta el vino y deje que se reduzca casi del todo. Vierta la nata y déjela reducirse 5 minutos.
- Añada los mejillones limpios, tápelos y cuézalos 5 minutos, removiendo varias veces. Inte-rrumpa la cocción en cuanto los mejillones se abran.

STAUB
STAUB

Curri de calamares

listo en 10 minutos

20 minutos de cocción

para 4 personas

calamares
x 4

chalotes
x 3

tomate triturado
400 g

curri en polvo
1 cucharada

vino blanco
150 ml

perejil
x 1 manojito

- Pele los chalotes y córtelos en láminas. Corte los calamares en anillas. Pique el perejil.
- En una cazuela de hierro colado, rehogue el chalote con un chorrito de aceite de girasol. Añada el curri, vierta el vino y deje que se reduzca casi del todo. Añada el tomate y media cucharadita de sal, y cuézalo 10 minutos. Agregue los calamares y cuézalos 10 minutos. Compruebe la cocción y la sazón.
- Apártelo del fuego y esparza por encima el perejil picado. Si lo desea, eche un poco de guindilla molida para aumentar el interés del plato.

Curri verde de pescado

listo en 25 minutos

15 minutos de cocción

para 2 personas

filetes de salmón
x 2

pasta de curri verde
1 cucharada

leche de coco
300 ml

espinacas congeladas
200 g

cilantro
x ½ ramito

aceite de girasol
1 cucharada

- Corte el salmón en trozos grandes. Caliente el aceite en una sartén a fuego fuerte y fría la pasta de curri 30 segundos, removiendo.
- Añada la leche de coco y un gran vaso de agua. Llévelo a ebullición y luego baje el fuego al mínimo y déjelo borbotear apenas.
- Añada el salmón y las espinacas. Déjelo cocer de 5 a 10 minutos, según el grosor de los trozos de pescado.
- Lave el cilantro, séquelo y esparza unas hojas sobre el curri. Sírvalo con arroz.

Curri de rape al limoncillo

listo en 5 minutos

15 minutos de cocción

para 4 personas

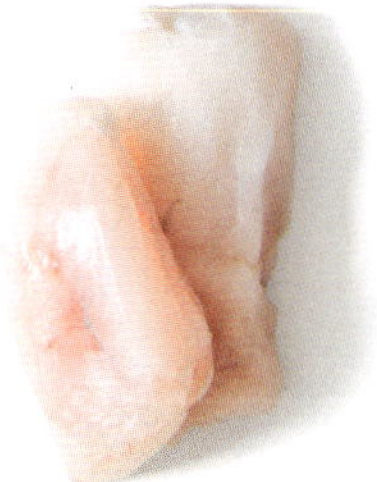

rape
800 g

leche de coco
500 ml

limoncillo
x 5 tallos

pasta de curri verde tailandés
1 cucharada

albahaca
x ½ ramito

azúcar
1 cucharada rasa

- Trocee el rape. Corte el limoncillo en trozos al bies.
- En una cazuela de hierro colado, deslía la pasta de curri en la leche de coco. Eche 1 cucharadita de sal, el azúcar y el limoncillo, y cuézalo 5 minutos.
- Añada el rape y cuézalo de 10 a 12 minutos, en función del tamaño de los trozos. Compruebe la sazón y la cocción.
- Añada las hojas de la albahaca. Sírvalo con arroz jazmín o sémola.

Salmón tikka masala

porciones de salmón
x 4

yogures griegos
x 2

tandoori masala
2 cucharadas rasas

cilantro
x ½ ramito

limón
x ½

listo en 5 minutos

6 minutos de cocción

para 6 personas

- Corte el salmón en trozos de tamaño regular y sálelos. Pique el cilantro.
- Mezcle los yogures con el tandoori masala, añada el salmón y remueva. Viértalo en una cazuela de hierro colado y cuézalo 6 minutos, tapado y a fuego medio. Compruebe la cocción y la sazón.
- Adorne el plato con el cilantro y el limón partido en cuñas. Sírvalo con arroz basmati.

90

Curri de ternera

ternera para estofar
700 g

curri
2 cucharadas

patatas
400 g

nata líquida
200 ml

cebolla
x 1

cilantro
1 ramillete

listo en 10 minutos

1 hora de cocción

para 4 personas

- Pele las patatas y córtelas en dados. Corte la cebolla en láminas finas y deshoje el cilantro.
- Caliente una cazuela y rehogue la carne y la cebolla 3 minutos, removiendo.
- Añada el resto de los ingredientes excepto el cilantro, vierta 800 ml de agua y eche 1 cucharadita de sal y 2 pizcas de pimienta.
- Cuézalo 1 hora, tapado.
- Sírvalo con el cilantro esparcido por encima.

Judías blancas con chorizo

listo en 5 minutos

55 minutos de cocción

para 6 personas

judías blancas congeladas
600 g

chorizo
200 g

tomate triturado
400 g

cebollas
x 2 grandes

curri en polvo
1 cucharada

aceite de girasol
2 cucharadas

- Pele las cebollas y córtelas en láminas. Corte el chorizo en rodajas y sofríalas 5 minutos en el aceite con la cebolla.
- Añada el curri, el tomate y las judías sin descongelar. Vierta agua solo hasta cubrirlo (unos 500 ml). Tápelo a medias y cuézalo a fuego lento 50 minutos. Remueva de vez en cuando. Sálelo al final de la cocción. Pruébelo para comprobar la cocción y la sazón.

HAMBURGUESAS

Berenjenas y mozzarella

panecillos
× 2

berenjena
× 1 grande

cebolla
× 1

mozzarella
100 g

salsa fina de tomate
150 g

albahaca
unas ramitas

listo en 15 minutos

50 minutos de cocción

para 2 personas

- Corte las berenjenas en rodajas, sálelas y déjelas sudar 15 minutos. Precaliente el horno a 220 °C. Unte las berenjenas con aceite y áselas en el horno de 30 a 35 minutos, dándoles la vuelta de vez en cuando.
- Sofría la cebolla picada, vierta la salsa, salpimiente y rehóguelo 15 minutos.
- En el horno a 180 °C, caliente los panecillos abiertos 3 minutos.
- Unte los panecillos con la salsa y reparta las berenjenas y la mozzarella. Caliéntelo en el horno 2 o 3 minutos. Añada la albahaca. Cierre los bocadillos.

Falafel burger

listo en 5 minutos

10 minutos de cocción

para 2 personas

panecillos
× 2

falafel
× 8 pequeños

hummus
125 g

tomates
× 2 medianos

pepino
× ¼

cebolla roja
× ½

- Abra los panecillos por la mitad. Corte la cebolla, el pepino y los tomates en rodajas finas.
- Caliente los falafel en el horno según las instrucciones del envase y, 5 minutos antes del final, meta también los panecillos.
- Unte los panecillos con el hummus y reparta la cebolla, el tomate, el pepino y los falafel, chafándolos un poco. Póngales la tapa a los bocadillos.

Remolacha y hummus

listo en 10 minutos

5 minutos de cocción

para 2 personas

panecillos
× 2

remolacha cocida
× 1

queso comté
80 g

tomates
× 2 medianos

hummus
100 g

hojas de ensalada
60 g

- Precaliente el horno a 180 °C. Abra los panecillos por la mitad. Corte los tomates en rodajas y 2 rodajas gruesas de remolacha. Ralle el queso.
- Caliente los panecillos en el horno 5 minutos.
- Unte los panecillos con el hummus, coloque las lonchas de remolacha y reparta el tomate, el queso y las hojas de ensalada. Cierre los bocadillos.

Boniato y judías

listo en 15 minutos

1 hora de cocción

para 2 personas

panecillos
× 2

boniato
300 g

judías rojas cocidas
125 g

caviar de berenjena
4 cucharadas

pan rallado
2 cucharadas

lechuga hoja de roble
4 hojas

- Precaliente el horno a 200 °C. Ase 50 minutos en el horno el boniato envuelto en papel de aluminio. Pélelo, cháfelo con un tenedor y mézclelo con las judías escurridas y el pan rallado. Salpimiente. Forme dos hamburguesas con las manos. Caliente un chorrito de aceite y dórelas 2 o 3 minutos por cada lado.
- Abra los panecillos por la mitad y caliéntelos en el horno 5 minutos a 180 °C.
- Unte los panecillos con caviar de berenjena, coloque las hamburguesas y reparta la lechuga. Cierre los bocadillos.

Pescado con salsa tártara

listo en 10 minutos

15 minutos de cocción

para 2 personas

panecillos
× 2

pescado rebozado
× 4 porciones

salsa tártara
5 cucharadas

alcaparras
½ cucharada

pepinillos
× 3

lechuga batavia
× 4 hojas

- Pique las alcaparras y los pepinillos, y mézclelos con la salsa tártara. Abra los panecillos por la mitad. Caliente el pescado en el horno según las instrucciones del envase y, 5 minutos antes del final, meta también los panecillos en el horno.
- Unte los panecillos con salsa tártara, coloque 2 porciones de pescado y reparta la lechuga. Cierre los bocadillos.
- Si lo prefiere, sustituya la salsa tártara por mayonesa.

Atún con mayonesa

listo en 15 minutos

3 minutos de cocción

para 2 personas

panecillos de semillas
× 2

atún al natural
150 g

cebolletas
× 2 (con la parte verde)

mayonesa
4 cucharadas

tomates
× 2 medianos

huevo
× 1

- Precaliente el horno a 180 °C. Pique las cebolletas (también la parte verde). Escurra el atún presionando con la mano para eliminar toda el agua. Mézclelo con la cebolleta, el huevo, sal y pimienta. Corte los tomates en rodajas. Abra los panecillos y caliéntelos en el horno 5 minutos.
- Dé forma a las hamburguesas de atún y dórelas 1 o 2 minutos por cada lado.
- Unte los panecillos con mayonesa, reparta el tomate y coloque las hamburguesas de atún. Cierre los bocadillos.

Surf and turf

listo en 15 minutos

8 minutos de cocción

para 2 personas

panecillos
× 2

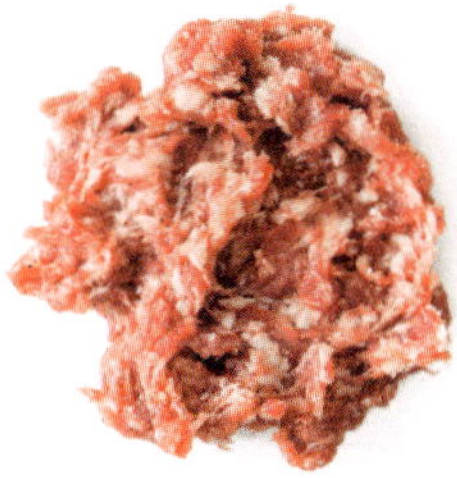

carne de salchicha
300 g

gambas congeladas
× 8

ajo
× 1 diente

mayonesa
4 cucharadas

semillas germinadas
× ½ bandejita

- Precaliente el horno a 180 °C. Descongele las gambas, pélelas y quíteles el hilo intestinal. Salpimiéntelas y úntelas con el ajo prensado. Resérvelas en el frigorífico 15 minutos.
- Dé forma a las hamburguesas. Caliente un chorrito de aceite y áselas a fuego medio 3 o 4 minutos por cada lado.
- Abra los panecillos y caliéntelos en el horno 5 minutos. En un chorrito de aceite, saltee las gambas 2 minutos.
- Unte los panecillos con mayonesa y ponga las hamburguesas, las gambas y el germinado. Cierre los bocadillos.

ORIGINAL
BBQ
SAUCE
Deliciously
HP
ORIGINAL
BBQ
SAUCE
CLASSIC
WOODSMOKE
FLAVOUR

Nuggets burger

listo en 5 minutos

15 minutos de cocción

para 2 personas

panecillos
× 2 grandes

nuggets de pollo
× 6-8

tomates
× 2 pequeños

lechuga iceberg
× ¼

mayonesa
4 cucharadas

salsa barbacoa
4 cucharadas

- Corte los tomates en rodajas. Abra los panecillos por la mitad. Corte la lechuga en tiras finas.
- Caliente los nuggets en el horno según las instrucciones del envase y, 5 minutos antes del final, meta también los panecillos en el horno.
- Unte una mitad de los panecillos con mayonesa y la otra con salsa barbacoa. Reparta entre ellos el tomate, los nuggets y la lechuga. Cierre los bocadillos.

Onion rings burger

listo en 10 minutos

20 minutos de cocción

para 2 personas

panecillos
× 2 grandes

hamburguesas
× 2 (150 g)

aros de cebolla
× 10

tomate
× 1 grande

lechuga batavia
× 4 hojas

salsa barbacoa
6 cucharadas

- Corte el tomate en rodajas. Abra los panecillos por la mitad.
- Caliente los aros de cebolla en el horno como se indique en el envase y, 5 minutos antes del final, meta también los panecillos en el horno.
- En una sartén con algo de aceite, ase las hamburguesas a fuego fuerte unos 2 minutos por cada lado.
- Unte los panecillos con un poco de salsa, reparta las rodajas de tomate, la lechuga, las hamburguesas y los aros de cebolla, y rocíelo con más salsa. Cierre los bocadillos.

Buey teriyaki

listo en 10 minutos

5 minutos de cocción

para 2 personas

panecillos
× 2

hamburguesas
× 2 (150 g)

salsa teriyaki
3 cucharadas

mayonesa
2 cucharadas

repollo
175 g

guindilla verde
× 1

- Precaliente el horno a 180 °C. Corte la col en tiritas y la guindilla, en rodajas finas. Mézclelas con la mayonesa y salpimiente.
- Salpimiente ligeramente las hamburguesas. Abra los panecillos por la mitad y caliéntelos en el horno 5 minutos.
- Caliente un chorrito de aceite y ase las hamburguesas a fuego fuerte 2 minutos. Deles la vuelta y áselas 1 minuto 30 segundos. Eche la salsa y hágalas 30 segundos más.
- Ponga en los panecillos las hamburguesas teriyaki y reparta la col con mayonesa.

Banh mi burger

listo en 10 minutos

8 minutos de cocción
1 hora de marinada

para 2 personas

panecillos
× 2

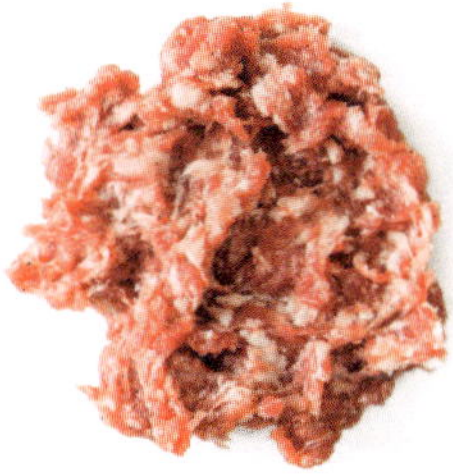

carne de salchicha
300 g

zanahorias
× 2

azúcar moreno
1 cucharada

vinagre de vino blanco
2 cucharadas

cilantro
× ¼ manojo

- Precaliente el horno a 180 °C. Mezcle la zanahoria rallada con el azúcar, el vinagre y un poco de sal. Déjelo marinar 1 hora.
- Abra los panecillos por la mitad y caliéntelos en el horno 5 minutos. Dé forma a las hamburguesas presionando la carne entre las manos y áselas a fuego medio 4 minutos por cada lado.
- Coloque las hamburguesas en los panecillos y reparta la zanahoria y el cilantro. Cierre los bocadillos.
- Si lo desea, unte los panecillos con mayonesa.

Magret y parmesano

listo en 20 minutos

10 minutos de cocción

para 2 personas

panecillos
× 2

magret de pato
300 g

mantequilla a las hierbas
50 g

parmesano
50 g

canónigos
60 g

- Quítele la piel al magret y pique la carne a cuchillo. Añada sal, pimienta y 15 g de parmesano rallado. Forme dos hamburguesas. Corte el resto del parmesano en copos.
- Precaliente el horno a 180 °C. Caliente un chorrito de aceite y ase las hamburguesas 2 o 3 minutos por cada lado.
- Caliente los panecillos abiertos en el horno 5 minutos. Caliente la mantequilla a las hierbas en el microondas 20 segundos.
- Unte los panecillos con mantequilla y reparta las hamburguesas, el parmesano y los canónigos. Cierre los bocadillos.

GRANDES CLÁSICOS

104

Pollo a la mostaza

pechugas de pollo
× 2

mostaza
2 cucharadas

nata fresca espesa
4 cucharadas

aceite de oliva
2 cucharadas

judías verdes
300 g

listo en 15 minutos

10 minutos de cocción

para 2 personas

- Cueza las judías en agua salada hirviendo 6 o 7 minutos. Escúrralas.
- Caliente el aceite en una sartén a fuego medio. Coloque el pollo bien plano y deje que se dore por ese lado. A continuación, dele la vuelta.
- Baje el fuego, añada la nata y la mostaza, remueva y déjelo hacerse unos 10 minutos. Para saber si está en su punto, pinche el pollo con la punta de un cuchillo: el jugo que salga no debe verse teñido de rojo.
- Sírvalo con las judías.

Filete de pavo al aguacate

listo en 15 minutos

10 minutos de cocción

para 2 personas

filetes de pavo
x 2 finos

aguacate
x 1

lima
x 1

nata fresca espesa
2 cucharadas

tabasco
unas gotas

aceite de oliva
1 cucharada

○ Exprima la lima. Parta el aguacate por la mitad, deshuéselo, pélelo, córtelo en trocitos y después cháfelo un poco con un tenedor. Añada un chorrito de zumo de lima, unas gotas de tabasco, sal y pimienta.

○ Caliente el aceite en una sartén a fuego fuerte. Dore el pavo 10 minutos por los dos lados.

○ Cuando esté hecho, baje el fuego al mínimo y añada el aguacate y la nata. Remueva y apártelo enseguida del fuego (el aguacate no debe cocerse).

Pescado al estilo de Tahití

listo en 15 minutos

sin cocción

para 2 personas

filete de salmón
x 1

leche de coco
150 ml

limas
× 2

zanahoria
× 1

pepino
× ¼

pan
unas rebanadas

- Exprima 1 lima. Limpie el pescado de espinas y córtelo en dados. Póngalos en un plato hondo y salpimiéntelos. Vierta encima la leche de coco y el zumo de lima. Mézclelo todo con cuidado.
- Pele el pepino y la zanahoria, y rállelos gruesos. Mézclelos con el pescado.
- Pruebe la marinada y añada un poco de zumo de lima si fuera necesario. Déjelo reposar 30 minutos para que el zumo de lima «cueza» el pescado. Sírvalo con pan.

Pescado semirrebozado

listo en 30 minutos

15 minutos de cocción

para 2 personas

filetes de merluza
x 2

mantequilla
50 g

pan rallado
6 cucharadas

hierbas frescas
unas ramitas

limón
x 1

- Precaliente el horno a 220 °C. Lave las hierbas, séquelas y píquelas. Lave el limón, ralle la piel y después exprímalo.
- Coloque el pescado en una fuente refractaria. Esparza por encima el pan rallado, salpimiente y añada las hierbas.
- Derrita la mantequilla en un cazo. Añada la mitad del zumo de limón y toda la ralladura, y rocíe con ello el pescado.
- Cuézalo en el horno de 10 a 15 minutos, según su grosor: debe separarse fácilmente con un tenedor pero notarse aún algo consistente.

Gambas con tomate

listo en 10 minutos

20 minutos de cocción

para 4 personas

gambas congeladas
400 g

chalotes
x 2

tomate troceado
400 g

nata fresca espesa
2 cucharadas

coñac
50 ml

perejil
1 ramillete

- Corte los chalotes en láminas finas. Pique el perejil. Caliente un poco de aceite en una cazuela de hierro colado y eche las gambas congeladas y el chalote. Rehóguelo 5 minutos, removiendo de vez en cuando.
- Añada el coñac (si lo desea, flaméelo), el tomate, 1 cucharadita de sal, 2 pizcas de pimienta y la mitad del perejil.
- Cuézalo 20 minutos a fuego medio, tapado y removiendo de vez en cuando.
- Añada la nata, remuévalo y sírvalo con el resto del perejil esparcido por encima.

WINCO
STAINLESS STEEL CHINA

Entrecot al queso azul

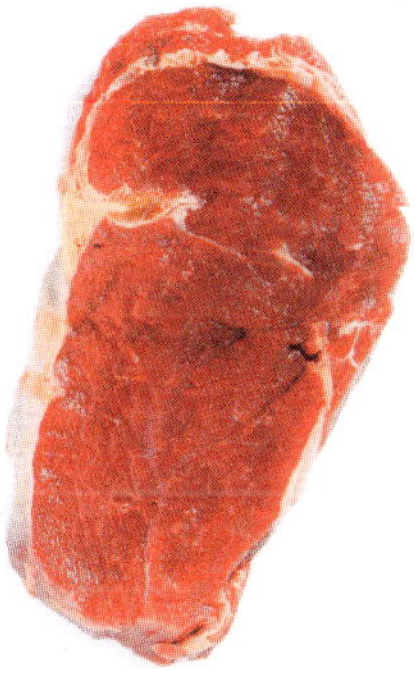

entrecots
× 2

queso azul
100 g

nata fresca espesa
150 ml

aceite de oliva
2 cucharadas

listo en 10 minutos

5 minutos de cocción

para 2 personas

- Unte la carne con aceite y sazónela con pimienta. Ásela en una sartén bien caliente, a fuego medio, unos 2 minutos por cada lado (según su grosor).
- Saque la carne de la sartén, sálela y tápela con un plato. Limpie la sartén con papel de cocina y caliéntela a fuego lento. Derrita lentamente el queso azul con la nata. Deje que la salsa se reduzca un poco.
- Vierta la salsa sobre la carne y sírvala, por ejemplo, con unas patatas fritas.

110

Cerdo con piña

carne de cerdo para asar
× 2

piña
250 g

tomate troceado
250 g

cebollas tiernas
x 2

salsa de soja
2 cucharadas

aceite neutro
2 cucharadas

listo en 10 minutos

35 minutos de cocción

para 4 personas

- Corte la carne en tiras finas. Corte la piña en dados y las cebollas tiernas, en rodajas finas.
- Caliente el aceite en una cazuela de hierro colado y eche la carne y la mitad de la cebolla. Saltéelo 5 minutos.
- Añada la salsa de soja, el tomate, la piña y 2 pizcas de pimienta.
- Cuézalo 30 minutos a fuego medio, tapado.
- Sírvalo con el resto de la cebolla esparcida por encima.

Pato con boniato

pato confitado
x 2 muslos

boniato
250 g

zanahoria
x 1

cebolla
x 1

ajo
1 diente

perejil
1 ramillete

listo en 5 minutos

20 minutos de cocción

para 4 personas

- Pele las hortalizas. Corte el boniato en dados, la zanahoria en rodajas y la cebolla en láminas finas. Pique el ajo y el perejil.
- Ponga en una cazuela todos los ingredientes excepto la mitad del perejil.
- Cúbralo con 500 ml de agua y añada 1 cucharadita de sal y 2 pizcas de pimienta. Cuézalo 20 minutos a fuego medio, tapado.
- Sírvalo con el resto del perejil esparcido por encima.

Buey con zanahorias

buey para estofar
500 g

zanahorias
500 g

vino tinto
500 ml

panceta ahumada
50 g

cebolla
x 1

ramillete de hierbas
x 1

listo en 15 minutos

1 hora de cocción

para 4 personas

- Pele las zanahorias y pártalas en cuartos a lo largo. Corte la cebolla en láminas finas.
- En una cazuela de hierro colado, sofría la panceta, la cebolla y la carne 3 minutos.
- Añada las zanahorias, el vino, 500 ml de agua, las hierbas, 1 cucharadita de sal gorda y 2 pizcas de pimienta.
- Cuézalo 1 hora a fuego medio, tapado.

Chili con carne

listo en 10 minutos

20 minutos de cocción

para 4 personas

carne picada de buey
500 g

pimientos
x 2

judías rojas cocidas
400 g

tomate troceado
400 g

copos de guindilla
1 cucharadita

cebolla
x 1

- Parta los pimientos por la mitad, quíteles el rabito, despepítelos y córtelos en tiras finas. Corte la cebolla en láminas finas.
- Ponga la carne picada, la guindilla, el pimiento y la cebolla en una cazuela, y rehóguelo 5 minutos a fuego fuerte.
- Añada las judías, el tomate, sal y pimienta.
- Cuézalo 20 minutos a fuego medio, tapado y removiendo de vez en cuando.

Salteado de buey al sésamo

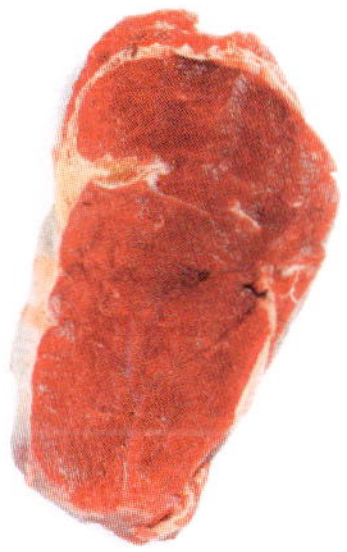

aguja o entrecot
200 g

tirabeques
250 g

cebolla grande
x 1

aceite neutro
1 cucharada

salsa de soja
2 cucharadas

sésamo tostado
1 cucharada

listo en 5 minutos

10 minutos de cocción

para 2 personas

- Corte la carne en lonchas finas. Corte la cebolla en láminas finas. Caliente el aceite en una sartén.
- Saltee la cebolla y las láminas de carne durante 1 minuto.
- Añada la salsa de soja y, a continuación, los tirabeques y el sésamo.
- Saltee 5 minutos más, removiendo.

Ternera, olivas y limón

listo en 5 minutos

1 hora 20 de cocción

para 4 personas

ternera para estofar
500 g

limones confitados
x 2

olivas verdes sin hueso
200 g

cebolla
x 1

patatas
500 g

aceite de oliva
1 cucharada

- Parta los limones confitados en octavos. Corte la cebolla en láminas finas. Pele las patatas y córtelas en trocitos.
- Caliente el aceite en una cazuela de hierro colado
- Ponga en la cazuela la carne y la cebolla, y sofríalo 5 minutos.
- Añada las olivas, el limón confitado y las patatas. Cúbralo con 750 ml de agua y sazónelo con pimienta.
- Cuézalo 1 hora a fuego lento, tapado, y luego quite la tapa y prolongue la cocción 15 minutos a fuego medio.

Cerdo a la tailandesa

listo en 5 minutos

20 minutos de cocción

para 4 personas

carne picada de cerdo
500 g

albahaca tailandesa
1 ramito

limoncillo
1 tallo

cebollas tiernas
x 2

tomate troceado
400 g

aceite neutro
2 cucharadas

- Corte la albahaca tailandesa en tiritas. Pique el limoncillo. Corte las cebollas tiernas en rodajas finas.
- Caliente el aceite en una cazuela de hierro colado y rehogue la carne, el limoncillo, la albahaca y la cebolla 5 minutos, removiendo.
- Añada el tomate, 1 cucharadita de sal y 2 pizcas de pimienta.
- Cuézalo 15 minutos a fuego medio, tapado y removiendo de vez en cuando.
- Si lo desea, sírvalo con bastoncitos de hortalizas crudas y guindilla.

Acelgas, tomate y panceta

acelgas
1 manojo (500 g)

panceta ahumada
300 g

tomate troceado
440 g

aceite de oliva
2 cucharadas

ajo
1 diente

laurel
4 hojas

listo en 5 minutos

20 minutos de cocción

para 4 personas

- Corte las acelgas en trozos de 4 cm. Pique el ajo.
- Caliente el aceite en una cazuela de hierro colado.
- Eche en la cazuela la panceta y el ajo, y rehóguelo 1 minuto removiendo. A con-tinuación, añada las acelgas, el tomate y el laurel.
- Déjelo cocer 20 minutos, tapado.

POSTRES

Peras al vino

listo en 5 minutos

45 minutos de cocción

para 4 personas

peras
x 4

vino tinto
500 ml

azúcar
2 cucharadas

canela
1 rama

anís estrellado
1 vaina

clavos
x 2

- Pele las peras y descorazónelas sin partirlas. Ponga todos los ingredientes en una cazuela y añada 250 ml de agua.
- Cueza las peras a fuego lento 45 minutos, tapadas. De vez en cuando, deles la vuelta.
- Déjelo enfriar a temperatura ambiente y, a continuación, enfríelo en el frigorífico.

Yogur con miel y fruta

listo en 5 minutos

sin cocción

para 4 personas

yogures griegos
x 4

miel
4 cucharaditas

albaricoques
x 2

pistachos sin sal
20 g

almendras enteras
20 g

- Parta la fruta (pueden ser melocotones) en cuartos. Trocee las almendras y los pistachos.
- Ponga los yogures en 4 boles individuales y rocíelos con miel. Sírvalos con la fruta fresca y los frutos secos.

Mango con naranja

listo en 15 minutos

sin cocción

para 4 personas

mango
x 1

naranjas
x 2

lima
x 1

miel
3 cucharadas

jengibre
1 trozo de 3 cm

- Pele el mango y córtelo en láminas. Pele las naranjas sangrándolas y, a continuación, córtelas en rodajas finas. Pele el jengibre y rállelo.
- Ralle fina la piel de la lima y, después, exprímala. Rocíe la fruta con el zumo y luego con la miel, y esparza la ralladura de lima y el jengibre por encima. Mezcle con cuidado.
- Déjelo marinar en el frigorífico al menos 1 hora.

Tarta rústica de fruta

listo en 20 minutos

30 minutos de cocción

para 4 personas

pasta brisa
1 rollo

azúcar moreno
2 cucharadas

fruta de temporada
600 g

- Precaliente el horno a 180 °C. Extienda la pasta brisa en la bandeja del horno (con el papel vegetal).
- Corte la fruta en cuñas. Dispóngalas sobre la base de masa dejando alrededor un margen de 5 a 7 cm. Esparza el azúcar por encima.
- Doble el borde de la masa sobre la fruta y cueza la tarta en el horno de 30 a 40 minutos.

Crumble de ruibarbo

listo en 15 minutos

30 minutos de cocción

para 4 personas

ruibarbo
1 kg

harina
100 g

azúcar
170 g

mantequilla
90 g

almendra molida
50 g

- Precaliente el horno a 180 °C. Pele el ruibarbo y córtelo en trocitos. Cuézalo 10 minutos en una cazuela con 50 g de azúcar. Páselo a una fuente refractaria.
- Mezcle la harina con el azúcar y la almendra molida. Añada la mantequilla en trocitos y mézclelo con la punta de los dedos hasta obtener una textura arenosa.
- Reparta el crumble sobre el ruibarbo. Cuézalo en el horno de 30 a 35 minutos. Sírvalo templado, con nata fresca espesa, por ejemplo.

Plátanos caramelizados

listo en 5 minutos

5 minutos de cocción

para 4 personas

plátanos
x 4

azúcar moreno o miel
8 cucharadas

mantequilla
40 g

- Sin pelarlos, parta los plátanos por la mitad a lo largo. Espolvoree cada mitad con 1 cucharada de azúcar moreno o bien úntelas con 1 cucharada de miel.
- Caliente la mantequilla en una sartén grande, coloque los plátanos y caramelícelos a fuego medio-fuerte de 3 a 5 minutos.
- Sírvalos con una bola de helado, por ejemplo.

Tarta Tatin

listo en 20 minutos

40 minutos de cocción

para 4 personas

manzanas
x 8

pasta brisa
1 rollo

mantequilla
40 g

caramelo líquido
100 ml

- Precaliente el horno a 190 °C. Vierta el caramelo en un molde redondo. Pele las manzanas, descorazónelas y pártalas en cuartos. Rehóguelas en la mantequilla 8 minutos.
- Disponga las manzanas sobre el caramelo. Cúbralas con la pasta brisa y remeta el borde alrededor del molde.
- Cueza la tarta en el horno unos 20 minutos, hasta que la pasta esté dorada y el caramelo borbotee por los bordes.
- Vuelque la tarta en una fuente en cuanto salga del horno y sírvala con nata fresca espesa.

Arroz con leche

listo en 10 minutos

1 hora de cocción

para 4 personas

leche entera
1 litro

arroz para risotto
100 g

vainilla
x 1 vaina

azúcar
90 g

- Vierta la leche en una cazuela y añada la vainilla. Llévelo a ebullición, eche el arroz y cuézalo a fuego lento de 45 minutos a 1 hora, removiendo a menudo.
- Añada el azúcar, remueva y deseche la vaina de vainilla.

Milhojas de frambuesa

listo en 15 minutos

sin cocción

para 4 personas

galletas finas
x 16

nata líquida
200 ml

vainilla en polvo
1 pizca

azúcar glas
2 cucharadas

mascarpone
1 cucharada

frambuesas
250 g

- Monte la nata muy fría con el mascarpone hasta que la crema esté bien firme, añadiendo poco a poco el azúcar glas y la vainilla.
- Unte generosamente con la crema la mitad de las galletas, reparta las frambuesas por encima y tape los milhojas con el resto de las galletas. Sírvalos enseguida.

Manzanas en pasta brisa

listo en 20 minutos

20 minutos de cocción
30 minutos de reposo

para 4 personas

pasta brisa
2 rollos

manzanas
x 4

huevos
x 2

azúcar
2 cucharadas

- Precaliente el horno a 210 °C. Extienda la pasta bien fina con el rodillo. Recorte 4 rectángulos. Pele las manzanas y espolvoréelas con azúcar.
- Ponga 1 manzana sobre cada rectángulo de pasta. Envuélvalas bien y presione los dobleces para soldarlos. Colóquelas en la bandeja del horno forrada con papel vegetal.
- Pinte la masa con yema de huevo diluida con 1 cucharada de agua. Ase las manzanas en el horno 5 minutos 210 °C y, a continuación, 15 minutos a 180-190 °C.

Cheesecakes

listo en 20 minutos

sin cocción

para 4 personas

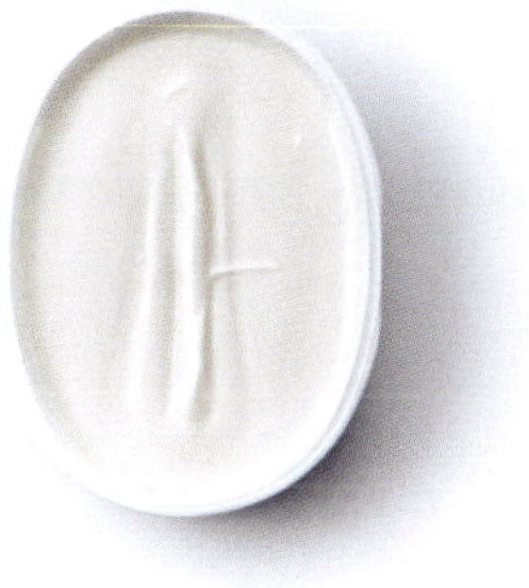

queso cremoso
150 g

nata líquida
150 ml

azúcar glas
4 cucharadas

galletas tipo shortbread
x 4

limón
x 1

- Desmigue las galletas y reparta las migas entre 4 tarrinas. Desapelmace el queso batiéndolo con un tenedor.
- Monte la nata muy fría añadiendo poco a poco el azúcar glas. Incorpórela al queso con cuidado.
- Añada la ralladura muy fina del limón y el zumo de medio limón. Reparta la crema en las terrinas. Déjelas en el frigorífico al menos 3 horas antes de servirlas.

Sundae con fresas

listo en 15 minutos

sin cocción

para 4 personas

fresas
500 g

naranja
x 1

Grand Marnier
1 cucharada

helado de vainilla
1 litro

azúcar moreno
30 g

- Quíteles el rabito a las fresas. Pártalas en 2 o en 4. Ralle la piel de la naranja y exprímala.
- Mezcle las fresas con el zumo y la ralladura de naranja, el Grand Marnier y el azúcar. Déjelo marinar 1 hora en el frigorífico o en un lugar fresco.
- Reparta las fresas entre 4 copas y sírvalas con el helado.

¿Qué hacer con...?

ACEDERA
Acedera y albahaca 20

ACEITUNAS
Espaguetis con queso 77
Hinojo, zanahoria y limón 63
Tapenade con higos y menta 4
Ternera, olivas y limón 115
Tomate, olivas y albahaca 12

ACELGAS
Acelgas, tomate y panceta 117

AGUACATE
Arroz negro, col y langostinos 46
Curri verde de aguacate 83
Filete de pavo al aguacate 105
Guacamole 2
Pepino y guacamole 72

ALBAHACA TAILANDESA
Cerdo a la tailandesa 116

ALBARICOQUES
Yogur con miel y fruta 119

ALCACHOFAS
Alcachofa y rúcula 15
Patatas y alcachofas 65

ALCAPARRAS
Pasta, atún y alcaparras 79

ALMENDRAS
Camembert relleno 8
Espinacas y quesitos 16
Frutos secos picantes 1
Yogur con miel y fruta 119

APIO
Sopa de invierno 37

ARROZ
Arroz negro, col y langostinos 46
Curri de espinacas 82

ATÚN
Atún con mayonesa 97
Atún cremoso 5
Pasta, atún y alcaparras 79
Pasta, atún y tomate 74

BACALAO
Bacalao y curri amarillo 32

BEICON
Coles de Bruselas y beicon 67
Coliflor, queso y beicon 61
Filete de pavo al aguacate 105
Tagliatelle carbonara 80

BERENJENA
Berenjenas y mozzarella 92
Boniato y judías 95
Parmigiana 60
Sopa provenzal 13

BONIATOS
Boniato y judías 95
Pato con boniato 111
Verduras indias 84

BOQUERONES
Tapenade con higos y menta 4

BRÓCOLI
Brócoli y jengibre 11
Fideos, guisantes y huevos 27

BUEY
Buey con zanahorias 113
Chili con carne 112
Entrecot al queso azul 109
Espaguetis y albóndigas 81
Phô de buey 33
Salteado de buey al sésamo 114

BULGUR
Bulgur, calabaza y queso azul 57
Superensalada de pollo 42

CACAHUETES
Apio a la tailandesa 39

CALABACÍN
Calabacín, jamón y queso 66
Calabacín, pesto y tomatitos 71
Crema de guisantes 23
Pasta, calabacín y menta 70
Sopa provenzal 13

CALABAZA
Bulgur, calabaza y queso azul 57
Calabaza con nueces y queso azul 56
Calabaza y lentejas 55
Calabaza y raviolis 29
Coles de Bruselas y calabaza 64
Sopa de invierno 37

CALAMARES
Curri de calamares 86

CARAMELO
Tarta tatin 124

CARNE DE SALCHICHA
Banh mi burger 102
Phô de koko 26
Surf and turf 98

CEBOLLA Y ARROS DE CEBOLLA
Judías blancas con chorizo 91
Onion rings burger 100
Sopa de cebolla 22

CEBOLLA TIERNA
Phô de buey 33
Zanahoria y guisantes 30

CEBOLLETA
Atún con mayonesa 97
Atún cremoso 5
Arroz de coliflor salteado 50
Caldo con salmón y tofu 14
Cerdo a la tailandesa 116
Espaguetis con queso 77
Pasta, calabacín y menta 70
Tzatziki con granada 6
Phô de buey 33
Zanahoria y guisantes 30

CEBOLLINO
Arroz negro, col y langostinos 46
Calabaza y raviolis 29
Mango con nata al curri 43
Trigo, zanahorias y huevo 49

CERDO
Acelgas, tomate y panceta 117
Cerdo con piña 110
Cerdo a la tailandesa 116
Patatas y alcacofas 65
Patatas, panceta y huevos 68
Sopa de invierno 37

CHALOTES
Mejillones al curri 85
Quinua y salchichas 62
Curri de calamares 86
Gambas con tomate 108

CHAMPIÑONES
Champiñones rellenos 51
Miso y champiñones 31
Polenta con champiñones 53
Trigo con remolacha y feta 40

CHORIZO
Chorizo y tirabeques 28

CILANTRO
Apio a la tailandesa 39
Brócoli y jengibre 11
Caldo con salmón y tofu 14
Curri de espinacas 82
Curri verde de pescado 87
Curri de ternera 90
Guacamole 2
Orecchiette con tomate 73
Superensalada de pollo 42
Thom Kha gai 19
Curri verde de aguacate 83
Pepino y guacamole 72
Salmón tikka masala 89
Sopa de lentejas rojas 24

COLES DE BRUSELAS
Coles de Bruselas y calabaza 64
Coles de Bruselas y beicon 67

COLIFLOR
Arroz de coliflor salteado 50
Coliflor, queso y beicon 61
Verduras indias 84

CROQUETAS DE HARINA
Zanahoria y guisantes 30

CURRI EN POLVO
Calabaza y lentejas 55
Curri de calamares 86
Curri de espinacas 82
Curri de ternera 90
Judías blancas con chorizo 91
Mejillones al curri 85
Sopa de invierno 37

CURRI
Bacalao y curri amarillo 32

CUSCUS
Hortalizas asadas y cuscús 52

ENELDO
Cangrejo, pasta y eneldo 35
Melón, pollo y feta 41

ESPINACAS
Calabaza y lentejas 55
Curri de espinacas 82
Curri verde de pescado 87
Espinacas y quesitos 16
Fideos ramen y remolacha 36
Lazos, salmón y espinacas 75
Minestrone 34
Patatas tiernas con espinacas 54
Quinua, lentejas y espinacas 58

FALAFEL
Falafel burger 93

FETA
Lentejas, remolacha y calabaza 44
Melón, pollo y feta 41
Trigo con remolacha y feta 40
Tallarines, sardinas y feta 78
Sopa provenzal 13

FIDEOS DE ARROZ
Bacalao y curri amarillo 32
Phô de buey 33
Phô de coco 26
Sopa china 25

FIDEOS DE TRIGO
Miso y champiñones 31
Fideos, guisantes y huevos 27

FIDEOS RAMEN
Fideos ramen y remolacha 36

FRAMBUESAS
Milhojas de frambuesa 126

FRESAS
Pepino, fresas y queso de cabra 38
Sundae con fresas 129

GAMBAS
Arroz negro, col y langostinos 46
Gambas con tomate 108
Surf and turf 98

GARAM MASALA
Verduras indias 84
Sopa de lentejas rojas 24

GARBANZOS
Hummus 3
Garbanzos y salmón 45
Superensalada de pollo 42

GUISANTES
Arroz de coliflor salteado 50
Crema de guisantes 23
Fideos, guisantes y huevos 27
Verduras indias 84
Zanahoria y guisantes 30

HAMBURGER DE CARNE
Onion rings burger 100

HIERBA DE LIMÓN
Bacalao y curri amarillo 32
Curri de rape al limoncillo 88
Salmón tikka masala 91
Sopa china 25
Thom kha gai 19

HIGOS
Camembert relleno 8
Tapenade con higos y menta 4

HINOJO
Garbanzos y salmón 45
Hinojo, zanahoria y limón 63

HORTALIZAS ASADOS CONGELADOS
Hortalizas asadas y cuscús 52

HUEVOS
Atún con mayonesa 97
Calabacín, jamón y queso 66
Fideos, guisantes y huevos 27
Manzanas en pasta brisa 127
Patatas, panceta y huevos 68
Tallarines a la carbonara 80
Trigo, zanahorias y huevo 49

JAMÓN DE PARMA
Minestrone 34

JAMÓN DULCE
Calabacín, jamón y queso 66

JENGIBRE
Brócoli y jengibre 11
Mango con naranja 120
Phô de buey 33
Sopa de zanahoria con jengibre 21

JUDÍAS BLANCAS Y ROJOS
Boniato y judías 95
Chili con carne 113
Chorizo y tirabeques 28
Curri verde de aguacate 83
Judías blancas con chorizo 91
Verduras y salchicha 69

JUDÍAS VERDES
Pollo a la mostaza 104

LECHE DE COCO
Bacalao y curri amarillo 32
Calabaza y lentejas 55
Curri de rape al limoncillo 88
Curri verde de aguacate 83
Curri verde de pescado 87
Pescado al estilo de Tahití 106
Phô de buey 33
Sopa de lentejas rojas 24
Sopa de zanahoria con jengibre 21
Thom kha kai 19
Verduras indias 84

LENTEJAS ROJOS
Calabaza y lentejas 55

LENTEJAS VERDES
Lentejas, remolacha y calabaza 44
Quinua, lentejas y espinacas 58

LIMA
Caldo con salmón y tofu 14
Garbanzos y salmón 45
Guacamole 2
Filete de pavo al aguacate 105
Mango con naranja 120
Pescado al estilo de Tahití 106
Pepino y guacamole 72

LIMÓN
Alcachofa y rúcula 15
Cheesecakes 128
Hinojo, zanahoria y limón 63
Pasta, atún y alcaparras 79
Salmón tikka masala 91

MAGRET DE PATO
Magret y parmesano 103

MAÍS
Cangrejo, pasta y eneldo 35
Chorizo y tirabeques 28

MANGO
Mango con naranja 120
Mango con nata al curri 43

MANZANAS
Manzanas en pasta brisa 127
Tarta rústica de fruta 121
Tarta tatin 124
Quinua y salchichas 62
Zanahoria y manzana 17

MAYONESA
Atún con mayonesa 97
Buey teriyaki 101
Nuggets burger 99
Surf and turf 98

MEJILLONES
Mejillones al curri 85

MELÓN
Melón, pollo y feta 41

MENTA
Apio a la tailandesa 39
Bacalao y curri amarillo 32
Garbanzos y salmón 45
Hortalizas asadas y cuscús 52
Pasta, calabacín y menta 70
Tapenade con higos y menta 4

MERLUZA
Pescado semirrebozado 107

MIEL
Mango con naranja 120
Yogur con miel y fruta 119
Zanahoria, miel y naranja 59

MISO
Fideos, guisantes y huevos 27
Fideos ramen y remolacha 36
Miso y champiñones 31
Sopa china 25

MOSTAZA
Coles de Bruselas y beicon 67
Pollo a la mostaza 104

MOZZARELLA
Berenjenas y mozzarella 92
Mozzarella marinada 7
Parmigiana 60

NABOS
Verduras y salchicha 69

NARANJAS
Mango con naranja 120
Sundae con fresas 129
Zanahoria, miel y naranja 59

NEMS DE VERDURAS
Sopa china 25

PACANAS
Frutos secos picantes 1

PANCETA
Acelgas, tomate y panceta 117
Coles de Bruselas y calabaza 64
Crema de guisantes 23
Patatas, panceta y huevos 68
Patatas y alcachofas 65

PARMESANO
Champiñones rellenos 51

PESCADO REBOZADO
Pescado con salsa tártara 96

PESTO
Calabacín, pesto y tomatitos 71
Sopa al pesto 18
Tostadas con queso y pesto 9

PIMENT
Frutos secos picantes 1
Tzatziki con granada 6

PIMENTÓN
Apio a la tailandesa 39
Chili con carne 113
Chorizo y tirabeques 28
Orecchiette con tomate 73

PIÑA
Cerdo con piña 110
Curri verde de aguacate 83

PIÑONES
Acedera y albahaca 20
Sopa al pesto 18

PIPAS DE CALABAZA
Frutos secos picantes 1
Zanahoria, miel y naranja 59
Zanahoria y manzana 17

PISTACHOS
Camembert relleno 8
Yogur con miel y fruta 119

PLÁTANO
Curri de espinacas 82
Plátanos caramelizados 123

POLENTA INSTANTÁNEA
Polenta con champiñones 53

POLLO
Melón, pollo y feta 41
Nuggets burger 99
Pollo a la mostaza 104
Sopa china 25
Superensalada de pollo 42
Thom kha kai 19

QUESO AZUL
Bulgur, calabaza y queso 57
Calabaza con nueces y queso azul 56

QUESO DE CABRA
Coliflor, queso y beicon 61
Espaguetis con queso 77
Pepino, fresas y queso de cabra 38
Tostadas con queso y pesto 9

QUESO PARA UNTAR
Espinacas y quesitos 16

QUINOA
Espinacas y quesitos 16
Quinua, lentejas y espinacas 58
Quinua y salchichas 62

RÁBANO
Brócoli y jengibre 11

RAPE
Curri de rape al limoncillo 88

REMOLACHA
Fideos ramen y remolacha 36
Remolacha y hummus 94
Trigo con remolacha y feta 40

REPOLLO Y COL LOMBARDA
Arroz negro, col y langostinos 46
Buey teriyaki 101

RICOTA
Curri de espinacas 82

RUIBARBO
Crumble de ruibarbo 122

SALCHICHA AHUMADA
Verduras y salchicha 69
Quinua y salchichas 62

SALMÓN
Garbanzos y salmón 45
Curri verde de pescado 87
Salmón tikka masala 89

SALSA BARBACOA
Nuggets burger 99
Onion rings burger 100

SALSA DE TAHIN
Apio a la tailandesa 39

SALSA TÁRTARA
Pescado con salsa tártara 96

SALSA TERIYAKI
Buey teriyaki 101

SALVIA
Quinua y salchichas 62

SARDINAS
Tallarines, sardinas y feta 78

SÉSAMO
Miso y champiñones 31
Salteado de buey al sésamo 114

TAHIN
Hummus 3

TERNERA
Curri de ternera 90
Ternera, olivas y limón 115

TIRABEQUES
Chorizo y tirabeques 28
Salteado de buey al sésamo 114

TOFU
Caldo con salmón y tofu 14
Miso y champiñones 31

TOMATE
Acelgas, tomate y panceta 117
Atún con mayonesa 97
Calabacín, pesto y tomatitos 71
Cangrejo, pasta y eneldo 35
Chili con carne 113
Cerdo a la tailandesa 116
Cerdo con piña 110
Curri de calamares 86
Falafel burger 93
Gambas con tomate 108
Guacamole 2
Hortalizas asadas y cuscús 52
Judías blancas con chorizo 91
Nuggets burger 99
Onion rings burger 100
Orecchiette con tomate 73
Parmigiana 60
Pasta, atún y tomate 74
Pepino y guacamole 72
Remolacha y hummus 94
Sopa de lentejas rojas 24
Tostadas con queso y pesto 9
Tomate, olivas y albahaca 12

TOMILLO
Coles de Bruselas y beicon 67
Patatas, panceta y huevos 68
Sopa de cebolla 22

TRIGO INTEGRAL
Trigo con remolacha y feta 40
Trigo, zanahorias y huevo............ 49

VAINILLA Y HELADO DE VAINILLA
Milhojas de frambuesa................ 126
Sundae con fresas........................ 129

VINAGRETA
Pepino, fresas y queso
de cabra.................................... 38

ZANAHORIA
Arroz de coliflor salteado 50
Banh mi burger............................. 102
Buey con zanahorias..................... 112
Hinojo, zanahoria y limón 63
Minestrone 34
Pato con boniato 111
Pescado al estilo de Tahití........... 106
Sopa de zanahoria con
jengibre....................................... 21
Verduras y salchicha..................... 69
Zanahoria, miel y naranja 59
Zanahoria y guisantes 30
Zanahoria y manzana 17

Títulos originales:
Apéro Super Facile, Soupe Super Facile, Salade Super Facile, Légume Super Facile, Un Plat Super Facile, Curry Super Facile, Burger Super Facile, Prix Mini Super Facile, Énergie Super Facile, Dessert Super Facile

Este libro es una compilación de los siguientes títulos:
Aperitivos y tapas, Sopas, Ensaladas, Verduras, Platos únicos, Curris, Hamburguesas, Precios reducidos, Cocina energética, Postres

Producción de la edición española:
Tanja Timmerman vertaling & redactie
Traducción y maquetación: smarted

Distribución exclusiva de la edición española:
Librero IBP S. L.
C/ Paseo de los Olmos, n.º 20
Planta 1.ª, Oficina 7
28005 Madrid, España
www.librero-ibp.es

ISBN: 978-94-6359-129-4

Printed by GPS Group